陪孩子顺利度过
叛逆期

一位省级优秀教师的教育手记

代士晓◎著

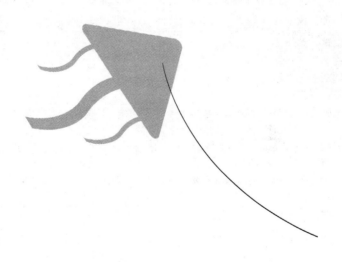

花山文艺出版社

河北·石家庄

图书在版编目（ＣＩＰ）数据

陪孩子顺利度过叛逆期：一位省级优秀教师的教育
手记 / 代士晓著. -- 石家庄 ：花山文艺出版社，
2020.4
ISBN 978-7-5511-5095-8

Ⅰ. ①陪⋯ Ⅱ. ①代⋯ Ⅲ. ①青春期－家庭教育
Ⅳ. ①G782

中国版本图书馆CIP数据核字(2020)第014940号

书　　名：**陪孩子顺利度过叛逆期：一位省级优秀教师的教育手记**
　　　　　Pei Haizi Shunli Duguo Panniqi：Yi Wei Shengji Youxiu Jiaoshi De Jiaoyu Shouji
著　　者：代士晓

责任编辑：温学蕾
责任校对：李　伟
美术编辑：王爱琴
封面设计：王玉美
出版发行：花山文艺出版社（邮政编码：050061）
　　　　　（河北省石家庄市友谊北大街 330 号）
销售热线：0311-88643221/29/31/32/26
传　　真：0311-88643225
印　　刷：三河市金泰源印务有限公司
经　　销：新华书店
开　　本：880×1230　1/32
印　　张：8
字　　数：190 千字
版　　次：2020 年 4 月第 1 版
　　　　　2020 年 4 月第 1 次印刷
书　　号：ISBN 978-7-5511-5095-8
定　　价：42.00 元

· 引言 ·

　　一个优秀的教师，必须有四大支柱：丰厚的文化底蕴支撑起教师的人性，高超的教育智慧支撑起教师的灵性，宏阔的课程视野支撑起教师的活性，远大的职业境界支撑起教师的诗性。博学多才对一位教师来说是十分重要的。因为我们是直接面对学生的教育者，学生什么问题都会提出来，而且往往"打破砂锅问到底"。没有广博的知识，就不能很好地解学生之"惑"，传为人之"道"。但知识绝不是处于静止的状态，它在不断地丰富和发展，每时每刻都在日新月异地发生着量和质的变化，特别是被称作"知识爆炸时代""数字时代""互联网时代"的今天。因而，我们这些为师者让自己的知识处于不断更新的状态，跟上时代发展趋势，不断更新教育观念，改革教学内容和方法，显得更为重要。否则，不去更新，不去充实，那点知识就是一桶死水，无法供给一茬茬流水般来去的学生汲取营养。

　　本书以一个工作在教育第一线的老教师的工作、学习、观察、思考为切入点，对目前教育现状中的矛盾焦点问题做了深刻的梳理与叩问，并进行了行之有效的解决方法的指导。全书共分两辑，第一辑"成长的盛宴"，是作者亲历的各种教育案例随笔故事；第二辑"心中的风筝"，是作者自己养育女儿过程中的经验体悟。全书约 15 万字，凝聚了作者 26 年的心血，耗时 10 年完成，其中近一半的作品已经在《中国教师》《山东教育》《语文教学与研究》《山东教育报》《齐鲁晚报》《半岛都市报》等报纸杂志发表或获奖。同时，作为山东省优秀教师、山东省教学能手、齐鲁名师、山东教育库教育专家的作者，在义务为全国各地多所学校进行公益讲座的过程中，所讲述的教育案例、教育焦点问题解决办法等，受到众多老师的赞赏与肯定，甚至有许多老师到书店去寻找作者的教育专著。

作为一名中国作协会员，作者已经出版长篇小说 13 部，教育专著 2 部，发表文字作品 400 多万字，故而本书文笔优美，正能量强大，问题查摆透彻，解决办法切实可行，是家长和老师们值得拥有的一部书，对家长及老师们的教育教学过程，能起到指导性的作用。

目录

第一辑　成长的盛宴

第二辑　心中的风筝

第一辑 成长的盛宴

成长应该是一场华美的盛宴

那天晚上写了一篇教育随笔，发到空间里之后，有个已经上大学的学生看到了，很快给我发来一段文字：老师，我最近有些迷茫，对未来充满了不安，总是有些害怕未来的到来。不知为什么，我总是会反反复复地推翻和重建自己对一件事的观点和看法，然后把自己搞得焦头烂额，然后就晕了，接着就是害怕与恐惧。我现在就好像完全没有一个完整的世界观，跌跌撞撞地走着，我总是告诫自己：不要停，走下去……您空间里会继续更新一些这样的文字吗？忽然发现读您的文字可以让心静下来，我想我会找到方向的……

跟这个初中毕业后就没有再见过面的孩子聊了半个晚上，我们的聊天内容可以说是海阔天空，从"什么是教育"一直聊到"目前该看些什么书籍""是否该对未来有个完整的规划""现在的孩子身心健康的貌似不太多"等，我们谈到了亨利·戴维·梭罗的《瓦尔登湖》和路遥的《平凡的世界》，还有黑格尔和苏格拉底。我告诉他，《瓦尔登湖》是一种唯美的人生境界，像他这个年龄，怕是还没有理由读得懂的。他说，瓦尔登湖的确好难懂，得反复看，而且还不能读快了，以他目前的情形，也就只能作为对人生的一种唯美幻想了。他说他对哲学的东西知之甚少，喜欢读路遥的那部《平凡的世界》，因为可以从孙氏兄弟的身上汲取自己努力奋斗的力量……

聊天结束关闭了电脑，躺在床上打开俞平伯的一本"红评"集子，然而却无论如何也看不进去，眼睛盯着书页，老半天都不知道看了些什么，脑海里反复浮现的是那个男孩上初中时的模样：白白净净的面皮，大大的眼睛，两条浓密的眉毛几乎在眉心相接起来。那是个寡言少语的孩子，很懂事，成绩也还好。初中三年他几乎没有跟我正面交流过，毕业之后除了偶尔在 QQ 上看到他签名的变化之外，再没有别的联系了。我本来以为，结束了焦头烂额的高中生涯，踏进大学校园的孩子们，应该不会再像初中生那样，对未来充满了不安和恐惧的，可是，回顾所聊的内容，我发现他在聊天过程中反复提到了这样几个词：成长、迷茫、未来、恐惧。看来，上了大学的孩子也仍然没有完全弄明白什么是成长啊。

成长是什么呢？是知识的扩展，还是性格的完善？是体格的壮大，还是心灵的升华？有人说，成长是从小时候不小心摔了一跤跌痛屁股时的大哭大闹，到上学后望着黑板上老师写个不停的数学题皱着眉头思考；是从小时候被抱到诊所看到白大褂时就条件反射的大哭，到现在敢于面对困难有泪不轻弹的坚强。也有人说，成长是一枚咧着嘴巴嬉笑的石榴，春风催促它发芽开花，夏雨浇灌它苗壮挺拔，秋霜给了果实的滋润，冬雪赋予它内心的坚强。然而，咧着嘴巴嬉笑的石榴，品尝起来甜中带酸，也是美味中隐含的遗憾吧……

成长究竟是什么呢？这个问题怕是只能用那句话来回答：一千个读者，就有一千个哈姆雷特。每个人的经历不同、生长环境不同，对成长的感受也会截然不同。一棵生长在温室里的花儿，它对成长的感受估计应该是温暖而又幸福的，同样一棵花儿，如果生长在环境恶劣的高山悬崖上，或者再被一块巨大的岩石逼迫着，它对成长的感受怕是只有隐忍和艰难了……

在我的心中，成长应该是一场华美的盛宴，充盈其中的，应该是笑语喧哗觥筹交错，是灿烂的歌声和曼妙的舞蹈，是像风一样的自由像雨一样的随意，是时而像孩童一样真纯时而像老人一样睿智……总而言之，应该是一场美好光明的旅行，旅途中或许会遇到荆棘密布，也或许会遭遇坎坷泥泞，然而，电闪雷鸣与和风细雨其实都是外界的一种存在，无关心灵的感受，正如有的人听到霹雳会激情澎湃有的人却惊慌失措一样，换言之，成长应该是心灵的一种常态发育，一如孩子到了年龄就会说话、换牙一样，没有必要因为孩子说话稍晚一点或换牙稍早一些就恐惧害怕和担忧。

我的一位朋友现在居住在美国的迈阿密，她曾经跟我说过一件事，让我感触很深。她说她的大儿子出生在国内，从小就生了一副"诗人的忧郁气质"。孩子五岁的时候，她将其接到国外。母子相处了一段时间之后，她发现儿子经常没事一个人对着窗外发呆，跟他交流也不说什么，就是那么一直安静地发呆。于是，一个周末，她带儿子去了教堂，在那里，孩子听到了人们洪大的歌声，看到了人们脸上虔诚的表情，之后，这孩子就每个周末自己去教堂做弥撒——他成了一个地道的小天主教徒。

"从我家到最近的教堂，也要穿过好几条车水马龙的大路，拐好几道弯儿，他那年只有五岁，每个周末风雨无阻地一个人去教堂，他爸爸对此很是生气，我却觉得挺好，因为他从此以后变得快乐起来了，不再没事一个人发呆了，也愿意跟我们交流了。这有什么不好吗？在他成长的过程中，只要他自己喜欢，只要那件事能让他心灵纯净宁静，让他不再迷茫恐惧，就应该接受并支持他去做。"我的朋友在邮件中这样跟我讨论。

然而，当了二十多年教师，跟正在成长的孩子们打了二十多年交道，我发现我们很难像我的朋友这样给孩子以自由的选择，我们总是以"成绩"为轴心，以"好好表现"为半径画圆，然后圆内的孩子就是被我们称之为"好孩子"的优等品，其余则全部被冠之以"残次品"。试想一下，在这样的氛围中成长的孩子，怎么可能不迷茫和恐惧？

　　无独有偶，那天看我的朋友丹飞的纪录片《丹飞的穿行》，其中有一段是他形容目前教育状态的，他说，我们现在拿着一个卡蛋器，把孩子们一个个往里套，符合卡蛋器标准的就是"好蛋"，不符合卡蛋器标准的就成了"坏蛋"了……在那个片子当中，我看到他对他的儿子的教育，第一是安全，第二是快乐。我非常感动，也很受启发。当记者问那个三岁的男孩儿丹轲，你觉得人生中最重要的是什么的时候，孩子一边玩拼图，一边认真地说：安全。那一刻我没有管住自己的泪闸。我想，如果我们的教育工作者都能让孩子们牢记安全和快乐才是人生第一位的话，孩子们的成长过程中还会有迷茫和恐惧吗？

　　作为一个有着二十多年教龄的"资深"教师，作为一名已经迈步进入四十不惑之年的成年人，我又何尝不时刻感到迷茫和恐惧呢？然而，成长不应该是这个样子的，成长应该是一场华美的盛宴，否则的话，人的生命将在迷茫和恐惧中度过，这是一件让人多么沮丧的事情！

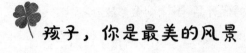

孩子，你是最美的风景

　　周末大休，几个同事一起去吃饭。饭后，大家都觉得坐车不如步行，反正离家也不远，走走神清气爽。于是便舍弃坐车，几个人一起步行回家。

　　因为是隆冬季节，大街上的行人寥若晨星，白日拥堵的马路，显得异常宽敞。明亮的街灯将落光了叶子的树枝投影在马路上，海风吹来，影子水墨画一般耐读。仿古一条街上那些白墙青瓦的徽派建筑，倒映在水波不兴的香河中，宛如美貌绝伦的少女，扶眉沉思一个久远的故事。不远处兰雅小区的万家灯火，在这深沉的夜色中，晕染出温暖与安宁的气氛。偶尔疾驰而过的汽车，虽然有些煞风景，但也给宁静的夜晚注入了某种活力，让人不忍埋怨。

　　很久没有在灯火阑珊的夜晚，迎着凉爽的海风散步了，心情不由得一阵阵激动。我们一边走一边天南海北地聊着。平时工作太忙，虽然同处一间办公室，却很难有时间坐下来聊天，更不用说像这样身心自由天马行空地神侃海聊。

　　不知是谁提起了"空巢老人"的话题，原本轻松的氛围有些凝重起来，因为这是近几年来大家都关注的社会问题，任是谁，都有老的时候，因而大家开始七嘴八舌地议论起来。华老师说："空巢老人的精神最值得关注，如今大多家庭都是独生子女，孩子一旦考入大学离开家庭，偌大的房子里就只剩下两个突然闲下来的人了，其精神空虚程度可想而知！"何老师说："是啊，尤其是现在这种情况，孩子读初中、高中的时候，无异于一场没有硝烟的战争，爸爸妈妈和孩子，同仇敌忾地盯着那张试卷，铆足了劲儿往名牌大学门口奔，一旦孩子的理想得以实现，父母立刻虚脱，再加上对孩子离开家庭独自生活的惦记，很多人像生了场大病一样，无法适应突然空闲下来的生活方式。"我开玩笑说："等孩子考进大学，我们可以去上老年大学嘛，或者背起行囊，天南海北去旅游，有生之年好好品赏祖国的大好河山……"我的话还没说完，何老师叹了口气，接过话头说道："话是这么说，可是，平时无论走到哪里，都是跟孩子一起，突然间只剩下老夫老妻在一起，再美的风景也感觉没什么意思了。"何老师的话引起了方老师的共鸣，她语气有些凄然地说："我儿子上大学后，也是这么说我，国庆长假他跟我说，让我跟他爸爸一起出外旅游，看看祖国的名山大川，逛逛好玩的景点……可是，无论哪里的景点，比起儿子来都太逊色了，人这一生，孩子就是最美的风景啊！"

　　方老师的话，让我久久不能释怀，回家后好长时间都为这句话默默喝彩。孩子，你是父母人生之旅中最美的风景，这诗一般的语言，从一个数学系毕业的理科老师嘴里说出来，是那么自然，那么熨帖，那么贴心贴肝，我敢说，任何一个做父母的，听到这句话都会为之击节赞叹，进而感叹唏嘘。

　　这事过去后不久，我应邀为全市新教育骨干教师做写作培训讲座，当讲到教师的写作源泉究竟在哪里的时候，我突然之间就想到了方老师的话。于是，我跟听课的老师们说："教师的写作源泉不在于赚取多少银子养家糊口，也不在于扬名万里，更不在于以此为进身之阶，谋取权力，而在于爱！正是对教育事业、对孩子们无比的热爱，才推动我们拿起手中的笔，在忙碌繁杂的教学之余，将那些平凡但却感人的故事抒写下来。"方老师之所以突然之间口吐莲花，说出诗一般的句子，并不是她具有多么深厚的文化功底，也不是她善于煽情，惯于用这种华丽的辞藻言谈，相反的，以我对方老师的了解，她是一个朴实无华的老师，平时写篇工作总结都挠头皮的，可是那天晚上，是什么导致她用那样诗性的语言阐述父母与子女之间的关系呢？我想，除了发自肺腑的爱，别无其他。正是对孩子长期积淀在心的那份厚重的母爱，才让她的语言焕发出了灿烂的诗意。

由此，我又想到了新教育的问题。新教育重视教师的阅读与写作，强调"师生共写随笔"，可是，很多理科老师却感觉非常为难，他们觉得，理科老师一天到晚跟数字公式打交道，除了说话，几乎跟文字绝缘，同样一件事情，文科老师下笔千言文思泉涌，文采好一些的甚至思接千载洋洋洒洒一挥而就。理科老师却是茶壶里煮饺子——满肚子话说不出来。因而，想让所有的老师都跟学生一起共写随笔，似乎很难做到。于是，与学生共写随笔的事情，想当然地就落在了文科老师的头上。然而，方老师的那句话却推翻了这种理论，也让我进一步坚信：无论是文科老师还是理科老师，只要怀揣对孩子们的一腔爱心，就能催生出诗意的故事。

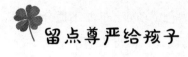

留点尊严给孩子

中午上完最后一节课，感觉特别疲劳，整整一个周没能午睡，人软成面条。回到家后，忍着浑身的酸疼给女儿炒了一碗米饭，看着她狼吞虎咽地吃掉，然后匆匆赶往学校，抬手看看表，还不到十二点半，由不得叹息一声：如今的孩子虽然衣食无忧，可这学习上的压力也太大了，啥时候素质教育才能真正花开万家，让这些祖国的花朵儿无忧无虑地灿烂绽放呢？这一天貌似近在眼前，实则远在天边。

想着一天到晚不是围绕着班里那六十多个孩子的成绩绞尽脑汁，就是千方百计诱惑女儿主动学习，感觉自己越来越不像个教师，而像个口袋里装满各种邪恶法术的老巫婆，一天到晚狡狯地跟孩子们斗魔法。只不过童话中的老巫婆总是要引诱孩子走向邪恶，而我却用施了魔法的面包屑引诱他们走向所谓的成功。想到成功，不由得想起有个作家关于成功的看法：把自己真正喜欢做的事情做好，尽量做得完美，让自己满意，这才是成功的真谛。这看法的确很美好，然而，又有几人能真正做到呢？俗世的羁绊太多，纵横交错的全是陷阱和绳索……思路到此受阻，本来已经亏空的胃囊突然就饱胀如鼓，什么东西都吃不下了。从书架上抽出周国平的散文集《安静》，和衣倒在沙发上翻看着。

周国平的散文很有哲学意味，读着读着，蒙眬的睡眼越来越润滑，瞌睡和劳累烟消云散。正读得起劲，突然手机响了，是小黎同学的爸爸。黎爸爸在电话中告诉我说，小黎今天从学校带回去一本书，他翻看了一下，说里边全是打打杀杀的暴力色情场面，非常不适合孩子阅读。问小黎是从哪里弄来的，小黎说，是从班里的图书角借的。

黎爸爸语气有些生硬地说："你们搞图书角是个好事，可也不能把这种少儿不宜的书摆在图书角里啊，孩子本来就到了逆反的年龄，被这种乌七八糟的书一诱惑，什么事干不出来呢？"

我一听，心里咯噔一下，图书角里的书都是我亲自把关阅读过的，根本不可能有打打杀杀的内容，小黎怎么可能从图书角借到这种书呢？潜意识中我觉得，小黎一定跟家长说了谎话，他的书究竟是从哪儿弄来的，是个未知数。但是，听着黎爸爸有些义愤的语气，我没有辩解，而是放缓了语气，要求黎爸爸带着那本书到学校来一趟。黎爸爸答应了。

放下电话，我匆匆赶往教室，去等待黎爸爸。然而，在办公室里左等右等，直到快上课了还没见黎爸爸的影子。我有些心焦，脚步沉重地走进教室，却看见小黎同学正趴在课桌上，没精打采地乱翻着一本教科书。正要过去询问一下，手机又响了。是黎爸爸打来的，他说他不用到学校来了，刚才可能有些误会，孩子一听说要他爸爸去学校，立刻说那本书是同学借给他的，不是从图书角借的。

听了黎爸爸的话，我沉重的心稍微轻松了一些，然而，另外一个疑问又潜上心头：小黎那本书，究竟是从哪个同学那里借来的？这个问题必得搞清楚才行，否则的话，别的孩子还会受害。于是，我请求小黎爸爸，还是来一趟，把事情搞搞清楚。黎爸爸犹豫了一会儿，答应了。

下了第二节课，黎爸爸终于来了，一进门就跟我道歉，说他没有弄清楚事情的真相，错怪了老师，真是不好意思。我淡淡一笑，回身去教室把小黎叫了过来。还没等我询问，小黎就涨红着脸，说那本书是从小鹏同学那儿借的。于是，我又去把小鹏叫了进来。小鹏一进门，立刻指着小黎说："老师，那本书绝对不是我借给他的，是他从外面的书摊上买的，花了十五块钱！"小鹏的话引起了小黎的大声抗议，他急得话都结巴了："那本书不是我买的，是你花十五块钱买的！"面对小黎的指责，小鹏的泪水汩汩而下，耳朵根都涨红了。可是他却垂着头，不再辩解。

小黎爸爸见状，叹着气对小鹏说："你这孩子，咋能买这种书坑人呢？"

小鹏抬起头，泪眼模糊地望着我说："老师，请您相信我，我以前的确很爱看那些乱七八糟的小说，可是，自从您和我爸爸谈话之后，我知道您是为我好，就不再看那种书了，也再没买过那种内容不好的书。小黎那本书，的确是他自己买的……"

"可是，我们家小黎从来不拿零花钱的，他手里没钱，拿什么去买书呢？"黎爸爸有些激动地站了起来。小黎见爸爸这样说，也立刻附和道："我平时一分钱都不拿的，不信你问我爸爸！老师，那本书就是小鹏买的，他买的时候我看到了的！"

面对小黎父子的指责，小鹏的泪水流得更欢了，眼睛擦得通红。我的大脑急速地运转着，被眼前的情形搞蒙了。我不知道那本书究竟是小黎买的还是原来很喜欢看小说的小鹏买的，小黎父子两人的指责，使我感到小鹏"作案"的可能性较大，然而，潜意识中我却觉得小黎更可疑，因为他的举止太像表演了。可是，在事情的真相没有搞清楚之前，轻易下结论，会伤害孩子的自尊，我不知道该如何处理了。

"好了好了，也就是一本书的事，以后别再买那种内容不健康的书也就是了。"小黎爸爸看我一言不发凝眉沉思，打圆场说。

"叔叔，那本书就是小黎买的！"小鹏突然抬起头，一副豁出去的神情，"他是我们班的生活委员，每周他都要给同学们充饭卡，他的钱是从同学们充饭卡的钱中偷偷弄出来的，一共二十块钱，他花了十五块钱买那本书，还有五块钱在他手里！"

小鹏一言既出，小黎立刻急眼了，扑上去要抓挠小鹏。我急忙隔在他们中间，示意小黎爸爸把小黎拉开。小黎爸爸显然也没想到，事情会突然急转直下，一边拉扯着儿子，一边口不择言地对小鹏说："你这孩子，可不能血口喷人！"小鹏此时反而不哭了，直着脖子对我说："老师，那二十块钱就是他从充饭卡的钱里弄出来的，我劝他别这样做，他不听，还让我为他保密！"

听了小鹏的话，我的心里基本上已经搞明白了，可是，如果没有确凿的证据，别说小黎不会承认，他爸爸也会跟我急眼的，毕竟这牵扯到孩子的做人品质问题了。想到这里，我拍了拍小鹏的肩膀，请他回教室去，并叮嘱他，此事不可跟任何人再说起来。小鹏郑重地点了点头说："老师，不是他反咬我一口，我也没想跟您说，可是小黎他……"

小鹏离开之后，我微笑地望着小黎，一直微笑着，足有一分钟，小黎沉不住气了，垂下脑袋嗫嚅着说："老师，我错了，那二十块钱，是我从我妈妈的口袋里翻出来的，不是从同学们充饭卡的钱里弄出来的。"

听小黎这么说，我温和地摸了摸他的脑袋，示意他也回教室。

小黎犹疑了一会儿，脚步沉重地离开了办公室。我立刻摸出手机，请求黎爸爸打电话给他妻子，证实一下孩子的话是不是真的。结果，黎妈妈说，小黎没有从她那儿拿钱，上午她在洗衣服，而她的外套就在旁边的沙发上，孩子根本就没到她身边去……

我呆呆地坐在椅子上，心里五味杂陈。小黎是我信任的生活委员，怎么可以这样呢？而且他小小年纪，居然想到从同学们充饭卡的钱中抠出二十块钱中饱私囊！这简直令人难以相信啊！

黎爸爸显然也没想到儿子会做出这种事情来，在办公室里来回游走，过了老半天，有些气急败坏地说："这事儿又没个证据，怎么可以说我儿子……"

看着黎爸爸那张气歪了的面孔，我的心直往下沉。虽然事情越来越明朗了，可是，正如他所说的，没有证据而指责孩子，万一冤枉了孩子，会给他小小的心灵带来多大的创伤啊？家长面前又怎么交代呢？可是，如果不彻底查清此事，小黎就会暗自侥幸，这对他的成长将会造成更大的危害！想到这里，我的脑海忽地闪过一个念头：去学校财务室查查饭卡充值的底子去！一念及此，我立刻赶往财务室，从会计堆得小山似的账本里，终于查到了本月班里充饭卡的数额底子，然后，我将饭卡充值过的同学叫到办公室，一个个核对。事实证明，小黎的确从充饭卡的钱里偷偷弄出了二十块钱。当黎爸爸看到确凿的证据已经摆在面前的时候，他暴怒了，额上的青筋暴起老高。

事情的真相已经搞清楚了，可我那颗原本沉重的心却更加沉重了。我装出一副没事人的样子，将同学们打发回教室，将小黎又一次叫进办公室。当小黎看到他亲手写下的那些饭卡充值数额时，他没有再狡辩，而是深深地低下了脑袋。黎爸爸遏制不住怒火，扑上去就要扇孩子耳光，我一把拉住了他。

面对小黎那颗低俯的脑袋，我强压着怒火，稳住心神说："小黎，你一向都是个诚实的孩子，所以老师才让你当生活委员。可是……发生了这样的事，老师知道，你一定早就后悔了，是不是？你是怕失去老师的信任，所以才不敢承认是吗？那么，现在老师告诉你，在我眼里，你依然是往日那个诚实的好孩子，只要知错改正！"

　　"老师，我错了，我……你撤我的职吧，我不配当生活委员了！"小黎哭出声来，泪水哗哗直流。

　　"孩子，犯错误是正常的，连圣人孔子都不可能不犯错误，何况我们呢？重要的是，犯了错误要勇敢地承认并且改正啊！老师已经叮嘱了小鹏，这件事到此为止，除了你和你爸爸，不会再有别人知道，你的生活委员不会被撤掉，老师也相信，你再也不会滥用职权干这种傻事了，因为，在老师的眼中，你是个有自尊的孩子，老师绝对相信，这次的经历将会让你终生难忘，并引以为戒的！"

　　小黎抬起泪眼，庄重地点了点头。"老师，谢谢您的信任！我会用行动让您看到，我要做个有尊严的孩子！"

　　望着小黎那张稚气的小脸，我心里那块石头终于落了地。

　　"老师，你撤了他的职算了，他不配当生活委员，而且，如果他下次再做出这种事来，我和他妈就甭活了，丢也丢死人了！"小黎走后，黎爸爸满脸羞愧地恨声说。

　　"如果真撤了他的职，就会在班里闹得沸沸扬扬，给孩子心理造成强大的压力和深重的自卑感，让他在同学们面前难以抬头，如果造成破罐子破摔的局面，我失去的不过是一个学生，而你呢？你将会失去你唯一的儿子啊！"我叹了口气说。

　　"可是，让他继续当下去，我怕他会……唉！孽种啊！我的脸都让他给丢尽了！"黎爸爸蹲在地上，双手抱头。

"你觉得孩子还可能再犯第二次这样的错误吗？人都是有尊严的，既然孩子已经知道错了，那么，咱们就留点尊严给孩子吧，给他信任，教给他正确的做人准则，这是将犯错误者拉回来的最好的方法，否则，只能适得其反。"

　　送走了黎爸爸，我不由得想起了爱默生说过的一句话：不要让一个人去守卫他的尊严，而应该让他的尊严来守卫他。那么，就让我把尊严留给孩子，让他的尊严来守卫他吧。

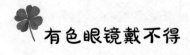

有色眼镜戴不得

　　那天晚上是西方国家的平安夜，受了同学们的影响，女儿对平安夜怎么过甚是重视，提出来去西餐厅感受一下气氛。按我的脾胃，对西方的节日是不屑一顾的，但是，女儿说，历史课上老师讲了，中国人过节，是家族性的，相对来说比较封闭，尤其是老人们，不允许孩子聚会，看重的是一家人团聚在一起，其乐融融。而西方国家的节日，则是开放性、群体性的，年轻人可以聚集在一起，做自己喜欢做的事情，玩自己喜欢玩的游戏。比较而言，西方的节日似乎更合乎年轻人的胃口。听了女儿的"辩护"，我觉得也有一定的道理，于是就遵从她的意愿，决定去西餐厅跟着洋人"洋气"一回。

　　西餐厅里甚是热闹，巨大的圣诞老人笑意盈盈地站在大厅里，挺胸叠肚地迎接着喜气洋洋的客人，窗子上贴满了塑纸做的雪花，圣诞树士兵一样肃立在餐厅的各个角落，枝丫上缀满了金色、银色的铃铛，还有各式各样的小礼物。弹古筝的小姑娘身着雪白的晚礼服，轻拢慢捻抹复挑，柔和轻快的音乐在清冽的空气中流淌。

　　女儿兴奋得满脸通红，一会儿把小脸贴在窗玻璃上，去感受假设中的雪花的清凉，一会儿跑去拽拽圣诞老人的红帽子，捋捋他长长的白胡子，小鸟儿一样扑扇着翅膀在祥和的夜色中飞翔。

　　铁板牛排冒着腾腾的热气端上来了，女儿要的哈根达斯也上来了，一家人团团而坐，举起刀叉准备饱餐。这时候，我的手机不合时宜地响了起来。是我的同学小南。好久没有小南的消息了，只知道她也在从事教育工作，但具体情形并不了解。在这祥和的平安夜，我以为她是打电话祝我圣诞节快乐呢，可是，她一开口我就发现情形不对。

"老同学，今天是平安夜，但我没有心思给你道平安，我遇到了一个天大的难题，纠结了好久却一点办法都没有。昨天从网上看到全市新教师培训会上你给他们做的问题答疑，像抓到了救命稻草一样，想着向你请教一下，看这个问题怎么处理才合适。"小南还是上学时的脾气，简洁而直接。

"说吧，究竟遭遇啥了不起的问题了？"我放下叉子，示意女儿和老公先行开吃。

"是这样的，我班里有个叫小奇的孩子，打架斗殴样样在行，骂人恶搞是家常便饭，至于让他好好学习，简直就是绑他上刑场！这孩子太让我头疼了，光跟他谈话，一个学期就有十几次，跟家长也沟通过数次，可是一点用处都没有！他爸爸动辄就拿笤帚疙瘩揍他，他妈妈也恨得咬牙切齿，同学们对他厌恶得像吃饭吃出了苍蝇，任课老师几乎天天找我告状，可是他就是一副死猪不怕开水烫的架势，软硬不吃，任凭我粗说了细念，他依旧我行我素。今天下午跟三班一个同学又闹了起来，把人家的头给撞出一个大包，三班的班主任找我说理，我找小奇调查，他却梗着脖子给我来了个徐庶进曹营——一言不发，搞得我焦头烂额，到现在家还没顾得上回呢！"

小南一边说，一边牙疼一样咝咝地吸着冷气，看样子的确被折腾得不轻。

我皱着眉头思考了一会儿，问小南："事情的起因你问过了吗？小奇到底为什么跟别班的同学发生争执？"

"我问了，他说是因为三班那个同学骂我们班女生'贱三八'，他路见不平拔刀相助，才跟人家干起来了。可是，小奇的话十句有九句是谎话，听不得的，这种伎俩他不是用了一次了，每次跟同学闹矛盾，他都满嘴巴理由，这一次肯定也是因为他不好！"小南像吃了枪药一般，火气十足地嚷着。

听着小南的苦诉，我不由得叹了口气。孩子们之间的事情，本来就是狗咬狗两嘴毛，事情一旦发生了，哪一方都不承认自己有错误。这种时候，也是最考验班主任头脑是否清醒的时候，一不小心就被搅进矛盾窝中无法拔出来，更有甚者，会弄个黑白颠倒是非不分，这样一来，犯了错误的同学会因为没有受到应有的惩罚而偷着乐，甚至瞧不起老师的"智商"，以为老师是个糊涂虫，只要巧舌如簧善于狡辩，即便犯了错误也会得到"赦免"。而对于受害者一方，则是有苦说不出来，认为老师偏私，不会主持公道，甚至没有正义感，由此可能引发其对人生、对社会的一种恐惧甚或愤恨。这样的事情一旦积少成多，班风便被引向歧途，毁掉的就不只是一个两个孩子了。

对着话筒我沉思着，一时不知道该怎样答复小南才好。这时候，女儿已经吃完了她的那份牛排，正一边吃着哈根达斯一边翻看着餐厅提供的一本杂志。老公看看我面前丝毫未动的饭菜，耸耸肩膀，也起身去拿了本足球杂志翻看着。

"老同学，你做了多年的班主任工作了，你说，对于小奇这样的坏孩子，我该怎么办？这件事我该怎么处理呢？"小南在那边催促着。

毫无疑问，小奇同学正是我们所说的"待优生"——无论是按照学习成绩还是做人方式，他都是当之无愧的"待优生"。那么，是不是他生来就脑子笨，无法提高学习成绩？是不是他生来就是一个品质低劣无恶不作的坏孩子呢？直觉告诉我，事情不是这个样子的。那么，问题究竟出在哪里呢？我绞尽脑汁地思考着。

"爸爸，什么是有色近视眼镜？"

女儿突然走到她爸爸身边，指着杂志上的一行字问道。

"有色近视眼镜？哦，爸爸以前戴过这种眼镜，就是镜片在不同的光线下会发生颜色变化，后来这种近视眼镜逐渐被淘汰了，专家说有色近视眼镜对眼睛不好呢。"

"那，墨镜算不算有色眼镜？"女儿歪起脑袋，刨根问底。

"当然算啦，不光墨镜是有色眼镜，夏天人们喜欢戴的太阳镜大多是有色眼镜。"

听着父女俩的对话，我的大脑一下子澄明起来，一种豁然开朗的感觉涌上心头。小南遇到的问题，其实并不难解决，将小奇、三班那个男孩，还有小南班里的女生叫到一起，逐个儿询问一下，让他们面对面把事情说清楚，谁是谁非立刻便见分晓。于是我便告诉小南，让她明天按我说的去做，事情自然就会迎刃而解。

"就这么简单？真的能解决问题吗？"小南表示怀疑。

"其实，我已经预感到了，这件事主要错误应该在三班那个男孩身上，你班的小奇可能真的是路见不平拔刀相助，只不过他经常犯错误，在你眼中已经被定位为'坏孩子'，所以他的话你根本就不相信，反而以为他又在撒谎，所以你才倍感头疼嘛。"我笑眯眯地说。

"你意思是说，我是戴着有色眼镜看小奇？"小南是个聪明人，立刻就醒悟了。

"是的，你说得一点儿都没错！正是因为你对小奇有个先入为主的坏印象，因而他的解释不但引不起你的重视，反而引发了你的反感，你对他的态度想来一定不是很友好，所以小奇不配合你，用沉默的方式跟你对着干是肯定的，因为你根本就没有给他信任啊。"

"明白了，我明天就彻底调查此事，完了我再给你电话。"

挂掉电话，对着满桌子色香味俱全的饭菜，我却没了一点胃口。说实话，哪个班里都有像小奇一样的"待优生"，对于这一部分学生，究竟该怎么办呢？我们该做哪些工作？有没有更高效的方法使其尽快养成好习惯？答案是肯定的。

对于班里的"待优生"，我的一贯做法就是：平等对待。比如期末考试之后的各种奖项评选，我从来不在各科老师认为优秀的学生之中选择，而是将期中考试和期末考试的成绩进行对比（自己与自己进行对比），相对于期中考试来说，期末考试进步最大的那些同学，就是我要奖励的对象。我觉得，只要孩子们在不断地进步，就该给予他们真诚的认可，因为"第一"有且只有一个。

孩子们其实是很"仗义"的，只要老师能真正地平等对待他们，他们的心中是明白的，也会努力改变自己，向着老师期望的目标发展。但是，一般来说，"待优生"的自控力较优秀生来说，要低得多，因而，在习惯养成的过程中，他们依然会犯这样那样的错误，有些错误甚至不知是第多少次犯，这就等于在考验老师的耐心，如果孩子在习惯养成的过程中依然故我地重犯错误，我一般不会大发雷霆，我一直认为，当老师面对学生大发雷霆的时候，就是其最丑陋、最无能的时候。

我班里有个同学小今，学习成绩出奇地差，刚进初一，他就摆出破罐子破摔的神气，一幅"死猪不怕开水烫"的无赖模样。面对这样的学生，说不头疼是骗人的。但是光"头疼"是不行的，必须想办法让他改变这种"无赖"嘴脸。那段时间，我一直不停地重复翻看一则寓言《北风和太阳》：

北风和太阳是好朋友，可是有一天，它们两个为了争论谁的本领大吵了起来。

北风说："我的本领大，我只要轻轻地吹一口气，人们就得冻得全身发抖。"太阳说："我的本领大，我只要稍稍一用力，人们就会热得浑身出汗。"他们争来争去，谁也说服不了谁。这时候，正好路边走来一个行人，太阳对北风说："这样吧，咱们比一比，看谁能把这个人的衣服脱下来，谁能把他的衣服脱下来，谁的本领就大。"北风点点头说："那还不好办吗？看我的吧！"北风深深地吸了一口气，鼓起腮帮子用力一吹，可是那个行人不但没有脱衣服，反而把衣服裹得更紧了，还把衣领竖了起来挡风。北风可气坏了，他憋足全身力气，用力一吹，嗖嗖的冷风让那个行人缩起了脖子，手也缩进了袖子里，把双臂抱在胸前，把衣服裹得更加严实了。太阳暗暗好笑，他说："我说北风小弟，你还是看我的吧！"说完，太阳用力一照，温暖的光芒马上把寒冷赶跑了。行人突然感到热了，他伸出了双手，放下了衣领，解下了衣扣。太阳再一使劲，放出更热的光芒，行人被晒得浑身大汗，马上脱下了外衣。可是阳光越来越强，行人不得不脱光衣服，"扑通"一声，跳进了路边的小河里躲避酷暑。北风很佩服太阳的本领，太阳却谦虚地说："要比让行人脱下衣裳，是我的本领大，可是要比谁能让行人穿上衣服，那就是你的本领大了。北风老弟啊，其实我们俩是各有所长啊！"

这则伊索寓言的寓意非常明显：任何人或事物，都有各自的优点和长处，发挥各自的优点，才能做得更好。

我打定主意跟小今"较量"一下。

第一个回合，我联系了小今的家长，跟其家长做了一个"扣"，让其家长当着小今的面给我打电话，严厉地声称，如果他再不好好学习，就让他回家"打工"，然后，我扮演一个"和事佬"的形象，在小今面前为他求情，希望家长"看在老师的面子上，再给他一次机会"。这样一来，小今同学对老师充满了感激，开始听从老师的管理了。

第二个回合，我详细询问了小今同学的父母，得知他的老家是莒县某乡镇的，跟我是老乡，于是我开始找他谈话，以"老乡"的身份而不是老师的身份。我跟他说："知道老师是哪里人吗？老师的老家是莒县，一个古老的小县城！那可是一块人才辈出、文化底蕴深厚的古老土地！"我看到他的眼神猛地一亮，表情很是吃惊。我抓住他内心受到震动的瞬间又说，"咱班里只有你跟我是老乡，你能不能给我这个大老乡争一口气？"他沉默了片刻，郑重地点了点头。那之后，他开始认真地写作业了。第三个回合，我给他调整了一下座位，在他身边"安插"了班里很优秀的一名同学，跟他结成"对子"，帮助他学习。一个学期下来，小今没有再犯过什么大错误，也不再有任课老师找我说他不交作业了。

其实，我班的小今跟小南班里的小奇，同属于"待优生"的行列，小今之所以没有向邪恶处下滑，能够听从老师的管理，根本原因就是我从来没有戴着有色眼镜看他，而是把他跟那些优等生同等对待，尽最大可能发掘他身上的闪光点来增强他的自信心。

有位哲人说过："一个人，从充满自信的那一刻起，上帝就已经伸出无形的手在帮助他了。"一个人如果建立了自信，思想上也就变得乐观、豁达，生命的力量也就被激发起来，而这种力量会推动我们焚烧困难，点亮智慧，从而让生活变得美好起来。而失去了自信的人，心中的希望就会暗淡无光，跟老师对着干还不算可怕，可怕的是跟整个世界对立起来，那样的话，我们岂不是在绞尽脑汁地培养对立面、培养恶棍流氓？

戴着有色眼镜看孩子，对灵魂的美丽熟视无睹，是教育者的大忌，更是对生命的不负责任啊。

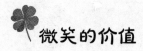

微笑的价值

早读的时候，看到一位同事黑着脸站在走廊里，大声斥责着一个男同学。被批评的孩子低垂着脑袋，神情异常沮丧，批评者昂着头颅，一脸的激愤。因为是路过，只听见了师生对话的只言片语：

学生："老师，我又忘了，下次不敢了……"

老师："说了你多少次了？为什么总是不长记性？每周不就值这么一次日吗？总是忘总是忘！未必别人生来就是为你服务的……"

不用说，这一定是为了值日的事情，师生正闹着别扭呢。

这种事情，其实每一个老师都遇到过，我的一位也当班主任的同学，曾经很头疼地就这个问题跟我讨论过。她说她班里有位女同学，因为平时父母非常娇宠，养成了饭来张口衣来伸手的坏习惯，上学后依然旧习不改，不但平时与同学们相处需要别人让着她，连每周一次的值日任务，她也从来不当回事，总是以"忘记了""有事先走了"等借口逃避值日，弄得跟她一起值日的同学对她意见很大，不时找老师"告状"，师生关系、同学关系搞得很是紧张。同学们都对那个不喜欢值日的同学鄙视有加，老师经过多次交流依然无效的情况下，也对她产生了难以消除的坏印象。这样一来，该同学与同学之间的交流出现了问题，整日落落寡合，无法跟大家打成一片，学习成绩本来还占中游，这下子也一落千丈，慢慢发展到自暴自弃的程度……

值日本来只不过是繁忙的学习过程中一件很小的事情，可最终却发展到这种无法收拾的地步，不能不让我想到长堤与蚁穴的问题。

不喜欢值日的同学，我也不是没遇到过。有一年，我新带了个初一班，大约是军训过去一周左右，班里转来一位新同学小宇，因为当时值日表早已安排好了，所以就没有及时给他安排值日任务。过了一段时间，班委开会的时候，有同学提出该给小宇排一下值日了，我才想起这个问题来，于是就将他安插在周四的值日小组内，告诉他以后他就是周四值日小组的成员了。

事情安排过后，我并没有往心里去，可是，周五班会总结的时候，那个小组的组长找到我，说小宇这周没值日就走了，大家对他有意见。看着组长一脸的气愤，我突然发现，这件我认为无关紧要的小事，在孩子的心目中其实是很大的。于是，我找来小宇，问他为什么没值日就走了，他说他忘记了，并说下周一定想着。看他态度很诚恳，我也就没再批评他。但是，下一个周五班会总结，小宇的组长又来找我，说这周小宇依然没有值日，下课铃一响，抓起书包就跑了。这一次，值日组长不仅仅是气愤了，而且满脸的鄙夷。

"老师，他就是没有为大家服务的意识，只想着别人怎么为他服务！他要是再这样下去，我们扫地拖地就把他的座位底下给空出来，让他自己用抹布打扫去！"

值日组长的语气非常不屑。因为我曾经在班里强调过：我们每周只有一天为大家值日服务，可却享受四次别人为我们服务的机会，所以，请每一位同学都要好好珍惜自己为同学服务的那一次机会，尽力把卫生打扫好，让同学们在一个干净整洁的教室内学习、生活。因此，值日生们的服务意识都挺强的，他们自由组合，有的扫地，有的拖地，有的排桌子擦黑板，有的排自行车倒垃圾，有的擦墙壁门窗……虽然分工不同，但各司其职，每天都能保质保量地把任务完成，我几乎没为值日的事情操过心。

值日组长的提醒，引起了我的警觉。第一次忘记值日，还可以说没养成习惯，可我已经找小宇谈过了，他也保证不再出现类似问题，然而他似乎对自己的承诺没当回事，第二次再出现同一个问题，就该考虑他的责任心问题了。于是我又把他找来，这一次我的口气没有第一次的亲和了，有些严厉地盯着他，他却一副"不知所以然"的表情，很无辜地望着我。我内心的火气可想而知，大有一触即发的势头。我从责任心是长大成熟的标志开始谈起，洋洋洒洒深邃博大地讲了一通大道理，他才懵懂地抬起头，笑着望着我说："老师，我又忘记值日了。"看着他一脸灿烂的笑容，我简直哭笑不得。一句"又忘了"折腾得我差一点崩溃，而他依然一副不在乎的模样。可是，俗话说，扬手不打笑脸人。看着他稚气未脱的那张脸，我只能压住火气，嘱咐他下周一定要想着值日。他答应着，如蒙大赦地跑出了办公室。

又一个周四到了，一大早我就找到小宇，提醒他今天他值日，不能再忘记了。他满脸笑容地点头答应了。那天下午放学后，我故意在教室内逗留了半天，当看到小宇拎着湿淋淋的拖把从洗手间走出来的时候，我欣慰地冲着他笑了。之后，我又找来周四值日组长，跟他谈了小宇的变化，请他下周代替我提醒小宇值日。我说："老师年纪大了，记性不好，你帮老师一个忙，每到周四就提醒小宇值日，三周之后任务自动解除。"值日组长很愉快地答应了。

此后的三周里，每到周四放学，我都故意在教室内逗留一会儿，看到小宇在值日，就冲着他点点头，笑一笑。之后的日子里，小宇没有再忘记过值日，他所在的那个值日小组的成员，也不再对他抱有成见，他们一直相处得很好，直到毕业。

　　类似的事情，今年所带的班中也遇到了，我吸取了以往的教训，没有对忘记值日的孩子大谈责任心之类的大道理，而是在该他值日的那一天提醒他，看到他在值日就点头微笑，肯定他的行为。

　　前些日子，班里经常忘记值日的那个孩子的妈妈给我打电话，说她的孩子回家跟她说，他在拖地的时候，老师一直冲着他微笑，孩子心里很感动，家长心里也热乎乎的，叮嘱孩子一定不能忘记值日，否则就对不起老师的微笑了……

　　放下电话，我不禁感叹，值日，一个看上去微乎其微的问题，可如果处理不好，遗患却是无穷的。一个微笑价值几何？可产生的能量却是无法估量的。孩子的责任心和服务意识，不是靠说教和批评斥责培养起来的，如果发觉批评呵斥不起作用，莫如从方法入手，帮助孩子养成习惯，习惯养成的同时，孩子的责任心也就慢慢建立起来了。

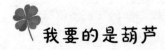

我要的是葫芦

十三四岁的孩子们，正处在说大不大、说小不小的年龄，做什么事情都让人头疼，既失去了三四岁时的顽皮可爱，又还没到二十三四岁时的成熟担当，凡事都是从自己的角度出发，一副"谁敢横刀立马，唯我某大将军"的神气活现。就是这种"自以为是"却往往搞得家长和老师焦头烂额，恨不能将神探亨特或者福尔摩斯请来帮忙。然而，等事情的真相搞清楚了，却又让你哭笑不得，正如俗话说的："豆腐掉进灰堆里，吹又吹不得，打又打不得。"

这不，说着说着，事情就来了……

"老师，我的数学书不见了！"刚走上讲台，伟伟迫不及待地站起来，满脸愤怒地叫道。

数学书不见了？咦，或许是同桌不小心装到自己书包里了。于是赶紧号召伟伟的前后桌、同位，仔细帮他寻找。然而，一通忙乱之后，大家相继报告："我的书包里没有！""不在我这里！""我桌肚里也没有！"

乖乖，难道是那本书自己长了腿跑掉了？索性号召全班同学帮忙寻找。同学们得令后，立刻将脑袋钻进桌肚里去，人仰马翻地折腾了半天，依旧未果。

"伟伟，打电话问问你家长，看是不是忘在家里了？"我又想到了一个办法，立刻拨通伟伟家长的电话。询问的结果依然是：家里没有！书一定带到学校里来了，因为是妈妈帮助收拾的书包，妈妈记得很清楚，数学书装进书包里了。

怪事一桩！以往也有同学的书找不到了，发动同学们帮忙，一会儿也就找回来了，再不然就是忘在家中，家长忙不迭地送过来完事。可是这一次，居然哪里都不见那本数学书的踪影，真是奇哉怪也！

眼看上课时间过去了五分钟，很是心疼，于是答应下课后继续帮伟伟寻找，暂时将他安抚好后开始上课。上完课后，匆忙赶往教务处，跟管图书的老师要了本数学新课本，让伟伟暂时先用着，他那本书，等慢慢再找找看。

按说，这事如此处理，也算比较圆满了，可是，谁知道中午饭刚吃过进到教室内，同时有五个女同学神秘兮兮地找到我，要求我"去办公室"。看到她们小脸上惶惶然的表情，我意识到有重大事情发生了，便一言不发跟她们去了办公室。五个女孩手掌摊开，每个掌心里都握着一张皱巴巴的小纸片，上面歪歪扭扭写了这样一行字：谁要是再靠近某某某，伟伟的数学书就是最好的下场！旁边还颇为嚣张地画了一个骷髅头，让人乍见之下不由得头皮发麻心内惊恐。

是谁这么恶搞啊？心里这样愤慨着，脸上却不敢表现出来。将五张纸片收集起来，放进抽屉，转脸安慰那五个可怜兮兮的女孩子："不用担心，这事老师一定要查清楚，还你们一个公道。不过，你们要配合老师，回答我一个问题。"

"什么问题啊老师？不会是有人要打我们吧？"五个女孩显然被吓坏了，瑟瑟抖动着小身体，神情极为恐惧。因为就在那天之前，网上发布了一条校园暴力视频，弄得全国都沸沸扬扬，甚至还流传到国外的网站上去了，搞得家长们胆战心惊，孩子们也人心惶惶。五个女孩的恐惧显然也是有道理的。

"谁吃了熊心豹子胆，敢打我的学生？啥事都没有，你们放心好了。"我先给她们吃过定心丸，然后久久凝视着她们的小脸，漫不经心地又说，"我的问题是，你们五个女同学，跟纸条上说的某某某之间，发生过什么事情没有？这就是我的问题，请诚实地回答我。"

五个女孩一听，面面相觑，然后同时垂下了脑袋。随着她们脑袋的低垂，我的心跟着一紧，看来，这张纸条的内容绝不是空穴来风，它跟这五个女孩的关系非同一般。

办公室里出现了难以忍受的静默，五个女孩谁都不说话，好像同时变成了哑巴。

"飞飞，你是老师最欣赏的同学之一，知道老师为什么特别欣赏你吗？"良久，我决定先下手为强，打破沉默盯着飞飞的小脸道。

"我……不知道……我……"飞飞抬起头，眼睛里似乎有泪水在滚动。

"因为老师觉得，你是个敢于担当的女孩，无论发生了什么事情，你总能诚实地跟老师汇报，所以，我才特别欣赏你，因为在老师的心目中，诚实的孩子是最美的！"我凝视着飞飞的眼睛，郑重地说。

"这……老师，我还是跟您说实话吧。"飞飞的确是个敢于担当的女孩，片刻的犹豫之后，她抹抹眼角，直视着我说，"某某某学习成绩相当好，每次都考第一，所以，我们五个女同学十分崇拜他，老师，说喜欢也可以，但这种喜欢不是所谓的早恋，如果是早恋，就不会五个人同时都崇拜他并且经常一起谈论他了。"

我点点头，表示对她见解的认同。飞飞说得很对，恋爱是有排他性的，她们五个女孩一起崇拜某某某，的确应该是一种对优秀的敬佩而非早恋。

问完了问题，我叮嘱五个女同学，回到教室后就当什么事情都没发生，该干吗干吗，也不准再扩大影响面，此事有老师来处理，一定会查个水落石出，给她们公平的交代就是了。

女孩们走后，我盯着那五张小纸片开始出神。五张纸片内容完全一样，笔迹完全一样，但很明显，书写者处心积虑地将笔迹潦草化了，是以根本无法辨认是哪个同学的笔迹。但是，我还是将孩子们的作文本找出来，一张一张开始核对笔迹。一节课就这么无声无息地流走了，核对的结果令我大失所望：没有一个同学的笔迹跟纸条上雷同！

究竟是什么人如此可恶，在班里营造了这么一种令人鸡皮疙瘩直冒的恐怖气氛呢？真是不可理喻！

正在焦头烂额的时候，伟伟推门走了进来，将他那本数学课本交给我。我布满阴霾的心中终于有了一丝亮色，忍不住对伟伟说："在哪儿找到的？忘在家里了还是被同学给装错书包了？"

伟伟看了看我，眼睛里泪水直转，指着那本数学课本说："中午我吃过饭回来，书就在我桌面上了，我也不知道是谁又送回来的。"一边说，一边示意我翻开看看。

怀着狐疑的心情，我打开了那本数学课本。展现在我眼前的一幕，令我此生难忘：那本数学课本不知被什么人用剪刀一页一页地剪成了无数条"丝绦"！有的页面抠出一个个大窟窿，形同鬼魅不忍卒看。我将一本书从头翻到尾，竟然没有一页是完好无损的！上帝！是谁这么丧心病狂？这又得花掉多大的工夫才能将一整本书搞成这种面目全非的样子？要知道，此人做此事，一定要瞒着所有的同学，瞒着家长和老师，躲在一个无人的角落里，心怀阴暗和痛苦，此人在剪碎这本书的同时，岂不是也在剪碎自己的人格和正常的心理？真是匪夷所思让人无法相信！难怪此人在写给五个女生的纸条上声称：

谁要再靠近某某某，伟伟的数学书就是最好的下场，还在纸条上刻意画上骷髅头以示恐吓！这是我班里的孩子搞的吗？我一时难以相信自己的眼睛，也不愿意相信是我班里的孩子做的。可是，伟伟的数学书早上丢的，中午又送回来，同时，五个女孩书中夹着的纸条也出现了，不是班里的同学所为，还能是什么人呢？

乖乖！怪怪！

第三节课是法制教育课，同学们搬着凳子跟体委去广场听报告，我也只好扔下那些令人抓狂的纸片和伟伟那本数学书的残骸，去广场维持秩序。然而，人在同学们之间穿行，脑海里还是思虑着那桩没有头绪的"疑案"。从教二十年了，一批一批的学生迎来送往，啥样儿的孩子没见过？可是，像那天那样的事情，我还是第一次遇到，现在的孩子，脑袋里究竟都在想些什么？我真的有些不能自控了。

做报告的是市法院的一位领导，报告内容结合当下一些校园案例，讲得声情并茂。孩子们听得也很认真。然而，心里有事，我却无心继续倾听。思来想去，觉得这事有可能是那些平时不好好学习的同学在恶搞，目的就是借着网上流传的那则暴力事件，故意耸人听闻搞恶作剧，然而，这恶作剧搞得也太过分了，如果不彻查此事，不但恶搞的同学会看低了我的智商，怕是也难以消除业已在班里形成的恐怖气氛，这于孩子们的生活、学习极为不利。

于是，我将几个平时不爱学习的同学分别叫到队伍后边，一个个旁敲侧击地询问。我的问题一共有这样几个：第一个，以你的了解，平时班里谁爱乱写纸条？第二个，班里的女同学，谁跟某某某关系比较密切？第三个，如果班里有人乱写纸条，你认为会是成绩好的同学呢还是成绩不太好的同学所为？我一共找了四个成绩不理想的同学，对于我的三个问题，他们的回答相当模糊，也惊人相似。

第一个问题：最不爱说话的那个女同学喜欢用纸条的方式跟人交流。

第二个问题：班里跟某某某关系密切的女生太多了，因为某某某学习太好了，大家都愿意跟他交往，不光女生，男生也很喜欢跟他交往。

第三个问题：学习不好的同学虽然成绩不好，但从来不会用纸条的方式跟人交流。如果班里有人乱写纸条，第一，一定是女生；第二，一定是学习成绩不错的女生。可是，当我问到班里谁最不爱说话的时候，他们无一例外地垂下脑袋不回答了。有个同学禁不住我一再询问，蚊子哼哼一般说："老师，其实你最喜欢的同学中，未必就不会有人乱写纸条。"

我最喜欢的同学？班里六十多名同学，哪一个我不喜欢呢？虽然有些同学成绩不好，但他们在其他方面一样有优点，比如萍萍、慧慧等，学习成绩不太好，可运动会上无一例外地拼命为班级荣誉而战，还有春子、宏宏、仔仔等，特别爱劳动、讲卫生，洋洋、琪琪等，人品非常优秀，班里有什么事，他们总是最热心……我敢说，哪一个同学的优点都装在我心里。

苦思冥想了有十多分钟，混沌一片的大脑里突然裂开了一条缝儿：对于学习成绩不理想的同学来说，他们总以为老师最喜欢的，一定是学习成绩最优秀的！那么，那些纸条的作者，应该出自一位学习成绩不错的同学了！思绪至此，整个人立刻兴奋起来。我将同学们提供的信息慢慢整合，目标最终锁定在这样几个条件上：学习成绩优良，不爱说话，女生。

带着这几个条件，我悄悄回到办公室，再一次找出同学们的作文，挨个核对笔迹。这一次我不再核对整个字的笔迹，而是找到纸条上非常有力的那条斜钩，一一核对。终于，目标出现了，核对了作文纸跟纸条上的所有斜钩之后，我翻看了一下姓名：芃芃。天哪，居然是芃芃？！简直令人难以置信！入学以来，我对芃芃的确疼爱有加，不仅仅因为她成绩好，而且我一直觉得这孩子老实诚实，做人做事从来一声不响，没有给老师添过一丝一毫的麻烦，总是那么安静地学习，安静地来来去去……怎么可能是她呢？然而，望着一模一样的那些"斜钩"，我的心渐渐沉入了无底深渊。

放学了，孩子们背上书包，快乐地回家了。我将芃芃留了下来。

尽管一百个不相信，我还是忍着心头的疼痛，将那些纸片，连同伟伟的数学书一起，放在芃芃的面前。

芃芃低着头，一声不吭。她向来都是这个样子的。

思虑了半天，我决定再给芃芃最后一次机会，只要她能勇敢地承认是她做的，我会既往不咎，既不告诉家长，也不再追究她的过错，知错改过善莫大焉。

我指着那些纸片，和颜悦色地问芃芃："你是老师最信任的同学，以你的判断，这是谁干的呢？"

芃芃抬起头看了看我的神色，试探地回答："这纸片上画有骷髅头，我记得平时诗诗最爱画骷髅头，而且画得很像，别人画不这么像。"

我心里一片悲凉。然而，我还是耐着性子又问她："还有什么线索可以给老师提供吗？"

芃芃很平静地指着那本数学书说："这是用剪刀剪碎的，咱班里有剪刀的同学不多，我知道的，飞飞有，还有宁宁。"（飞飞和宁宁是那五个收到纸片的女生中的两个）

"还有什么线索？"我提高了声音，泪水已经模糊了我的双眼。

"还有这字体，像是云云的笔……"

"芃芃！"我终于忍不住大声制止了她，"老师在等着你的一句话，就一句话！一句诚实的、敢于担当的话！这句话对你来说，就如此难以出口吗？你知不知道，老师现在心里什么滋味？"我的泪水再也忍不住，一滴滴落了下来。心，好痛、好痛。

看到我流泪，芇芇终于沉不住气了，脸色变得煞白，片刻又涨得通红，然而她依然闭口不言。

我摸出手机，流着泪拨通了芇芇妈妈的电话。此时，已经是晚上八点多了。

芇芇妈妈赶来之后，我指着那些纸片，还有那本剪碎了的书，一句话都不想再说了。

之后的事情总算比较顺利，芇芇跟她妈妈承认了那些纸片及那本数学书都是她弄的，原因是：伟伟早上弄歪了她的桌子，所以她就将伟伟的书给剪碎了。而那五张纸片，则是因为那五个女生跟某某某的关系太好了，她看不惯……

不管芇芇的理由是不是真的，真相总算大白了，可我的心却冰冷一片。我将芇芇支出门外，询问了芇芇妈妈，为什么学习成绩如此好的一个孩子，心胸居然狭窄到如此地步？这样一些鸡毛蒜皮的小事，值得采用如此极端的方式来处理吗？我们究竟要培养什么样的人才？

芇芇妈妈也非常难过，她承认，平时对芇芇的学习要求非常严格，可是，在做人方面却很少给她指导，尤其是怎样跟同学们相处，她几乎就没有跟孩子交流过。

面对芇芇妈妈伤心的样子，我蓦然想起了那个《我要的是葫芦》的故事：一个人种了一架葫芦，却从来不浇水施肥喷药，葫芦苗干了，邻居要他去浇水，他说：我要的是葫芦。葫芦秧该施肥了，人家要他去施肥，他说：我要的是葫芦。葫芦叶生虫子了，大家要他去喷药，他说：我要的是葫芦。最后，这个人只收获了一架枯死的葫芦秧子……

跟芃芃妈妈交流了好长时间，我决定将此事埋进肚子里去，但是，我给芃芃妈妈提了个要求，那就是：不要只想着要葫芦，还要好好看护葫芦成长的过程！

芃芃妈妈带着孩子回去了，望着她那伛偻的腰身，我感叹："葫芦死了，可以再种，孩子是不可以回炉重生的。我们要的，不能只是葫芦啊！"

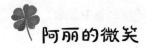

阿丽的微笑

　　一年一度的查体又开始了，可是，整整过去一个多月了，也没能抽出时间去医院例行公事做检查。周三上午，按课程表排好的课，我上三、四两节。于是，跟孩子们商量好，由他们自己讲《皇帝的新装》一文，我去医院查体。

　　从查体中心拿到体检表，像屁股后有老虎撵着一样飞快地跑去抽血，然后马不停蹄冲向彩超室做肝胆胰肾检查，接着跑去211室皱着眉头喝掉钡餐检查胃部……

　　"你得小心了，胃部有炎症！"

　　听着女医生那冷冰冰的声音，心里禁不住哂笑：这些日子就一直在吃胃药，胃炎是肯定的，之所以选做钡餐，是担心会有……既然结果没出别的问题，当然也就松了一口气。

　　之后的检查就简单多了：心电图、身高体重血压、眼耳鼻喉……外科的那个女医生很可爱，摸着我的脖子笑嘻嘻地说："你为什么不选做甲状腺呢？我觉得你的脖子比平常人的粗一些！"

　　我心里暗暗吃惊，这女医生挺有一手，我去年查体就查出来脖子上有结节，医生让三个月后去复查，结果一忙就忘了。她这一提醒，忽地就想了起来，赶紧让医生开单子去做甲状腺彩超。

　　拿着彩超结果回到外科，女医生看过之后说："你的脖子周围淋巴结发炎了，这几天感冒了吗？"

想起上周打了四针，还吃了好几天的感冒药，于是赶紧点头。

"建议你好好休息，不要搞得太疲劳。先打几天青霉素消消炎，两周之后再来做个复查，如果淋巴结发炎是因为甲状腺结节引起的，就必须得动手术了！"

女医生说得煞有介事，我心里却不以为然，不就是几个淋巴结发炎嘛，值得这么大惊小怪？还要打针！哪有时间打针啊？上周感冒都没敢打吊瓶。苦笑着摇摇头，只得如实"招来"：我是个教师，还当班主任，没有时间去打针。女医生似乎有些生气，想了半天还是坚持自己的意见：打针消炎。

正在为难，手机短信提示音响了，打开一看，屏幕上显出这样一条短信：代老师您好！我家的小狗丢了，阿丽很难过，您开导开导她吧。她爷爷奶奶、姥姥姥爷住得远，她爸爸是个粗心人，我知道她心中缺少关心，缺少爱。谢谢您了！

原来是阿丽的母亲发来的。阿丽是班里最后来的一名学生，从入学到现在，已经过去三个多月了，作为班主任，我每天都要无数次地进教室，可我从没发现这个叫阿丽的女孩露出过一次笑容！暗地里询问了一些男女同学，大家一致反映，阿丽无论跟谁都不笑的，无论开心还是悲伤，她都是那么一副哭丧的表情。

这事开家长会的时候我跟她母亲交流过，希望通过交流找出她不笑的原因。可是，她母亲说，孩子在家里也是这样，她都习以为常了。

然而，我不认为这是正常的。一个十三岁的女孩子，如果没有什么心结，怎么会几个月如一日地哭丧着脸没有一丝笑容？这么小的孩子，一旦受到老师表扬，很难不发出快乐的笑声，然而，我表扬过她多次，试图引发她的笑，结果不起任何作用……

其实，只要孩子听话，努力学习，笑不笑，我这个做班主任的似乎没必要管。然而我一直觉得，一个花季女孩，应该是无忧无虑才是，可阿丽给我的感觉，总是那么沉重，似乎心上总是压着一块难以掀翻的巨石。这么小的孩子，怎么可以整天不露笑容、不跟任何人交流呢？长此以往，她的内心会不会封闭起来？

我很担心。

读过那条短信之后，我似乎找到了一点她不会笑的原因了。人是社会的，如果长期远离亲情，怎么可能开心快乐呢？加上父亲心粗，她母亲看上去也不是那种心细如发的人，生活在一个比较冷漠的空间里，孩子要是会笑才怪呢！

"你到底打不打针啊？！"

女医生终于不耐烦了，冲着我不满地叫道。

"不打了，您给我开点消炎药吃吧，哦，阿莫西林家里有，红霉素、头孢之类的也有。"

"红霉素对胃伤害很大，你的胃已经不健康了，还要吃红霉素？头孢消炎效果不太理想，我给你开阿奇霉素好了。不过，阿奇霉素也伤胃，要饭后再吃！每天两片，阿莫西林每天三次，每次六粒！"

女医生一边不情愿地给我开着药方，一边嘟囔着说。

这女医生很敬业，她是医生，自然要对病人负责，我没有理由怪她的不满。不过，我是教师，自然也要对我的学生负责，那么，我不想打针耽误时间，想来这医生也该谅解我的吧？

回到学校之后，一个下午一直在忙着手头的工作，竟然没能抽出时间找阿丽谈心。

晚上回到家中，跟老公说了这事，他嘲笑了我一顿，认为人家会不会笑不是做老师该管的范围。可我还是打定主意，找个机会跟阿丽谈一谈她家小狗丢失的事情。

今天中午，上完两节课，跟着孩子们去操场跑操。看到阿丽依旧哭丧着脸站在队伍里，突然心里一疼：这孩子生活得太压抑了！

我走过去，笑眯眯地对她说："阿丽，听说你家最近发生了一件大事，你很伤心。"

阿丽脸上的表情有些惊异，呆呆地望着我，似乎没弄明白我的意思。其他同学见我跟她谈话，立刻围了上来，眼巴巴地望着我。

我拍了拍阿丽的肩膀，依然笑着说："听说你心爱的小狗丢了，是吗？"

阿丽的眼睛突然红了，垂下了脑袋。

"是被别人抱走了还是自己走失了？"

"被别人抱走了！"

阿丽这是入学以来第一次跟我说话，声音有些哽咽，语速很快。看得出她很激动。

"哦。你喜欢小狗，说明你是个很有爱心的孩子，知道同情弱小动物。可是，小狗已经丢了——哦，如果是自己走失了，估计还能回来，因为狗有忠诚的品质。可它是被别人抱走的，应该不会送回来了。你如果一直伤心下去，你妈妈也会跟着担心你。你是个有爱心的孩子，如果把这种爱转化为学习的动力，好好学习，成为一个快乐的好孩子，你妈妈也会为你高兴，不用再为你担忧了。阿丽，把丢失小狗的悲伤化为一种动力吧，那样，你就成了一个爱妈妈、爱亲人，对自己负责的好孩子了。"

阿丽红着眼圈点了点头，半天，那张一直哭丧着的脸孔，终于露出了一丝羞涩的笑容。

"你笑起来很好看啊？大家说是不是？"

我赶紧借题发挥。

"是的，阿丽笑起来很漂亮的！"

同学们一齐大声说。

我看到，阿丽的小脸变红了，眼圈慢慢恢复正常。

今天，我终于看到了阿丽的笑容！我想，没有必要再担心她把自己封闭起来了，一个能够对这个世界微笑的孩子，她的内心会逐渐充满阳光的。

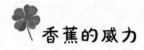

香蕉的威力

从来没有想到，几只香蕉能发挥如此大的威力。

上个周末，二姐家的丫头从临沂来看我，带了许多的水果。丫头走后，我望着那堆水果犯了愁。这个季节是留不住新鲜水果的，吃呢又没那么大胃口，干脆叫来一帮朋友分了吃。樱桃西瓜很快就分完了，可是，轮到那一堆香蕉的时候，谁也不愿意吃，都说夏天的香蕉没味道，不如时令水果爽口。放冰箱里吧，香蕉这玩意儿，不过一宿，定然变得焦黑了皮，黏腻了瓤，让你更倒胃口。可是，扔掉的话，实在太可惜太浪费了。

周一早晨，拎上电脑准备上班的时候，又瞥见那一堆香蕉，突然灵机一动，何不拿去分给孩子们吃呢？或许他们中有喜欢吃香蕉的也未可知。于是就拎了那堆香蕉去了教室。

孩子们一如既往地在晨读，一进楼廊，就听到班里子洋同学高亢的读书声，他的声音很特别，尚带童声，但又比一般孩子的嗓门尖锐，总让我想起"鹤立鸡群"或者"鸡立鹤群"之类好玩的词语。

推开教室门，看到孩子们认真专注地读着书，不禁莞尔。从接了这个班，我就一直"灌注"一种思想：自觉。因为知道自己的力量有限，一个人盯65个孩子，无论如何都会有闪失，唯一的办法就是让他们学会自觉，自己管理自己才是最好的。然而，这种自觉教育并非易事，尽管我在黑板上方写了"我自觉，我做好少年"的标语，教室两壁的墙上贴了"牢记父母恩，常念师生情"的对联，板报壁报也尽量围绕"自觉"做文章，希望通过这种潜移默化，来强化他们自我管理的意识，养成自我管理的习惯，可让这些乳臭未干的孩子，在无人的情况下做到自觉学习，过程还是很艰难。但也正因为习惯养成艰难，才见出此种习惯的重要。

如今，经过近一年的不懈努力，孩子们的自觉性比刚入班时提高了很多，前来"告状"的任课老师已经绝迹，再也没了去年刚开学时的混乱局面。

然而，意外的事情总是会在你最舒心的时候发生。前不久，生物老师告诉我，班里有些同学虽然看上去很安静了，但学习效率并不高。那节生物课，我就跟在生物老师身后进了教室。生物老师布置好复习任务后，我开始注意观察孩子们的行为。大部分同学还是很努力的，按照老师的要求一会儿写一会儿读，不停地翻书皱眉写写画画。可是，有那么一些同学，他们要么手中捏着笔，神态安详地发着呆，要么将脑袋垂到桌肚子里，貌似在翻看什么书，还有的东看看西瞅瞅，情绪浮躁。

生物课结束后，我给孩子们提出了新的要求：能自觉遵守纪律，保持课堂安静非常好，但是，关键还要提高课堂效率，让自己的精力完全参与到学习中去。但是，怎样才能让自己全身心地投入到学习中呢？光讲理论定然不行，得给他们一个容易操作的方案。于是我要求他们：写好每一个字，做对每一道题，保证人人手里有事做，不乱翻书磨蹭时间。

一段时间后，孩子们的课堂效率比从前有了很大提高，然而，自习课的时候，还是有一些同学无所事事，毫无目的。这个问题怎么解决呢？我不停地思考着，可却没有良方。

当我提着香蕉走进教室的时候，脑海里突然有了新的主意。我将香蕉放到讲桌上，用手势让孩子们安静下来，指着那些香蕉说：这些香蕉是准备奖励给大家的，奖励什么样的同学呢？那就是，这一天内无论上什么课都非常投入、专注的同学，那些只做表面文章给老师看的同学，是无法得到奖励的！尤其是自习课上，谁学习最投入，咱就奖励谁！

这个提议一宣布，孩子们的热情空前高涨，那些趴在桌子上应付着读书的同学，立刻挺直了腰板，端起课本，那些嘴巴不动貌似浏览实则发呆的同学，也开始大声朗读起来。我又吩咐班里最有人缘的修霖同学做观察员，凡是学习认真的就记录下名单，下午最后一节课交给我，然后发放香蕉。

这一天，孩子们做事非常认真，自习课的时候，我偷偷溜到教室后门口，从门缝里向里张望，发现同学们都埋头写着作业，教室里静得针掉到地上都能听到声音。我得意地笑了。

下午第四节课最后五分钟，我将修霖同学提供的名单当众宣布，被奖励的孩子们鱼贯上讲台领一个香蕉。我看到，没有领到香蕉的孩子，眼中闪着羡慕的光，领了奖励的孩子，爱不释手地把玩着那只香蕉，没有一个孩子舍得剥开吃掉。我明白，他们是想将这奖励拿回家跟爸爸妈妈分享呢。

香蕉的事情给了我一个启发，周二那天，我从家里拿了一些上海带回来的特产小吃带进教室，宣布谁学习最投入认真，就奖励给谁。这一天，孩子们又是非常刻苦，自习课完全不用我在教室内看着。周三，我的奖品是棒棒糖，周四是一些红豆糕。这一周，班里的纪律非常好，尤其是自习课。

今天是周五，端午小假的第一天，早晨一睁开眼睛，想到那儿个本来要扔掉的香蕉，居然产生了如此巨大的威力，我自顾自地笑了。也许会有人说，这种物质奖励不见得有长效，一旦没有了奖品，孩子们还是照样不听指挥。这个担心我也有过，但是，我也知道，心理学上说，一种习惯只要坚持三周，就能基本稳固下来。也就是说，这种奖励只要坚持三周，孩子们就基本养成了投入学习的好习惯了，到那时候，即便没了奖励，他们一样能做到投入学习。这种试验，我已在女儿身上试行过，非常有效。

况且我又有了新的奖励来源：孩子们喝矿泉水剩下的空瓶可以卖钱，每周都能卖个三五块钱，以前都是积攒一段时间之后，由班长去买棒棒糖，全班每人一只。现在我决定，卖瓶子的钱可以用来买奖品，每天奖励十名最爱学习的孩子。

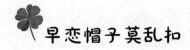

早恋帽子莫乱扣

那天正在备课，两个女孩小雅、小倩推门走进来，面容有些悲戚地望着我，却不说话。其中叫小雅的女孩脸带泪痕，似乎刚刚哭过。另外一个女孩小倩则紧紧攥着伙伴的手，貌似将勇气和力量传递给她。直觉告诉我，小雅一定是遇到了什么问题，于是放下笔，静静地等待对方开口。可是，等了老半天，小雅脑袋低垂一言不发。

做了这么久的教育工作，处理的大事小情可以说不计其数，每次都是耐心地听孩子们将所遇之事详加叙述，然后我根据具体情况进行分析、处理，一般来说都能比较圆满地解决。可是这一次，两个女孩只管垂首而立，大有徐庶进曹营的架势。

一直觉得，教师处理学生之间的矛盾，好比医生看病，需要"望闻问切"，望其表情，只能感觉事情比较严重，然而，对方不开口，就无法知道事情发生的始末，更无从给出恰切的药方。斟酌再三，觉得还是得让孩子开口，然后才能判断是非。我看了看办公室另外几位正埋头批改作业的老师，突然间明白了孩子不开口的原因。于是我站起身，轻轻抚摩了一下小雅的肩头，率先走出办公室。

当我找到一处相对安静的角落停住的时候，两个女孩已经迫不及待地跟了上来。我看了看那个脸带泪痕的女孩，笑了笑说："说吧小雅，这儿没别人。"

女孩的泪水唰地流了下来。

"老师，我早恋了！"小雅不敢抬头看我，脚尖摩擦着地板，双肩哭得直抖。

小雅的话让我心里一紧，不由得睁大了眼睛。说实话，"早恋"的孩子的确有，但像眼前这女孩一样，如此坦诚地跟我"汇报"的，真还没遇到过，一般来说，孩子对异性有了朦胧的好感，总是千方百计地遮瞒家长和老师，甚至最要好的伙伴都不会让知道，因为"早恋"这个词语太敏感了，一旦让家长或老师获知，轻者一顿批评，重者搞得爸爸妈妈似乎遇到了世界末日，家庭氛围由此变得异常沉重灰暗。

我的大脑在紧张地思索对策，脸上却不动声色，依旧平静地望着小雅，眼神柔和地鼓励她将事情的原委告诉我。可是，小雅说完那句话后，一直在痛苦地抽噎，再没了下文！跟她一起的伙伴小倩显然也有些着急，不停地叹着气。

我想了想，问陪着的小倩："你是她的好朋友，事情的原委你一定知道，是吗？能给老师说说吗？你们遇到问题能坦诚地来找老师，这本身就是一种诚实的表现，老师觉得凭这一点，你们就不是坏孩子！"

小倩受了鼓舞，开始吞吞吐吐地叙述事情的经过。

原来，上数学课的时候，小雅给班里一位男孩写了张字条，大意是说她非常佩服该男孩的聪明，希望能够成为他的朋友。这张字条写完后，小雅传给了好朋友小倩，让小倩帮忙传给那个男孩。小倩出于义气，趁数学老师不注意的时候将字条扔给了那个男孩，可是没想到，字条没有被男孩拿到，却被数学老师捡了起来。数学老师没说什么，只是将字条放进了口袋。两个女孩怕数学老师跟班主任"告状"，于是一下课就相约来找我……

听完事情的始末，我的心里有底了。说实话，数学老师的处理方式我非常赞赏，她没有当着同学的面将字条内容公布，给孩子扣上"早恋"的帽子，更没有当场批评小雅、小倩，而是悄悄将字条放进了口袋。这就给两个女孩和那个并不知情的男孩留足了面子，也给我从容处理这件事赢得了时间。我在心里默默感谢数学老师的冷静和机智。

了解了事情的始末，我故作轻松地一笑，对小雅说："你知道'恋'这个字是怎么构成的吗？"小雅满脸惊愕地望着我摇了摇头。我接着说："这个字的上半部分取自'变态'的'变'，下半部分取自'变态'的'态'字，对不对？也就是说，一个人对另一个人的态度起了根本性的变化，才叫'恋'，你对某某的态度真的有了根本性的变化吗？你觉得一天不见到他就睡不安稳食不甘味了没有？"

小雅苦着脸想了想，坚定地摇了摇头，用耳语般的声音说："没有这样啊老师，我只是觉得他学习成绩那么好，心里非常佩服他，想跟他交朋友。"

听完小雅的话，我紧张的心里松弛了下来。说白了，这女孩只是对优秀的异性有了好感而已，根本与"早恋"不搭界。想到这里，我拍了拍她的肩膀："老师有个问题想请你帮忙解答，前些日子，我去听了一位教授的课，觉得那位教授太了不起了，心里一直期望能成为他的朋友，这几天我考虑着给那个教授写封信或打个电话，跟他探讨一下教育的一些问题，你说，老师是不是恋上了那位教授呢？"

小雅听完我的话，扑哧一下笑了。"老师，您那不叫恋爱，那叫崇拜！"

"哈，你不也是在崇拜那个男孩吗？崇拜和恋爱根本就是两码事嘛。只是，你在课上给他传条子，第一，自己不能全神贯注地听课；第二，小倩也跟着分心；第三，那个男孩也会因为你的字条心浮气躁无法认真听讲。你想想，是不是自己表达崇拜的方式有问题？"

　　小雅叹了口气，用力地点了点头："老师，我明白了，以后不会在课上传字条了。"

　　我赶紧纠正她："课下也不能采用这种方式跟自己崇拜的同学交流，同学之间的正常交往没有必要搞得如此神秘，你完全可以找到那个男同学，告诉他：我很崇拜你，因为你学习成绩优异！"

　　小雅和小倩互相望了望对方，高兴地点了点头。

　　送走了两个女孩，我不禁在心里感叹：孩子到了青春期，对异性产生了模糊的好感，这是正常的生理反应，没必要小题大做，只要处理得当，孩子就能安全、平稳地度过这一生理波动期，反之，则会留下无穷的后患。

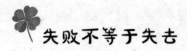

失败不等于失去

昨天中午，跟王老师谈起课堂教学的事，王老师跟我说，上周学校组织部分老师去昌乐一个学校观摩学习，看到人家的课堂完全是开放式的，课堂是"学生在学"，而不是老师在教。王老师说，昌乐这家学校的教学模式是：班长课前将学习目标在黑板上呈现，然后学生六人一组，针对学习目标分组学习，一段时间后，小组推选一名同学将探究成果在黑板上演示，然后老师适当点拨，学生评价。

"那样的课堂才是学生自己的！"王老师如是说。

因为没有能够前去学习，对于这种小组教学的具体方式仅凭王老师介绍（王老师也是听别人说的），因而并不是很清晰。但是，对于小组教学，我并不陌生。因为从2010年开始，我已经在班里实行这种方式的学习了。我们这级学生开学之初就开始了小组教学，只是不知道是否有人家的那样规范？

晚上回家后一直在反思：我是否也尝试着改进我班的小组教学模式呢？辗转一夜没能休息好。反思的结果是，我决定摸索着进行一番尝试。

今天上午，我跟孩子们一起就《伟大的悲剧》这篇课文，进行了小组教学的初步改革。上课后，我先在荧屏上投放了本课的学习目标：

1. 围绕课文题目"伟大的悲剧"中的"悲"字,以小组为单位,探究讨论"悲"在何处?并从文中找出相关依据。

2. 既然是"悲剧",为何又称之为"伟大的"悲剧呢?其"伟大"之处,表现在何处?

之后,学生六人一组(可以下位)开始了热烈的探究讨论。怕有些孩子不参与讨论,我特意叮嘱了一句:"不积极参与讨论的同学要量化扣分的!"我还要求孩子们一定要将讨论结果在本子上做好笔记,在课本上找出相关依据。

大约十二分钟之后,孩子们的声音逐渐小了,估计讨论得差不多了,我让有了讨论结果的小组组长举手,十一个小组长齐刷刷地举起了小手。我又让他们推荐本组一名同学起立阐述本组讨论结果,孩子们异常踊跃,小手举起一片。

孩子们的讨论让我大吃一惊,他们不仅将教材参考上的相关内容做了详细的阐述,并且还有四个小组的同学提到了"悲壮"一词,他们认为:这个"悲剧"中的"悲"字,不仅可以理解为"悲伤""悲哀""悲痛""悲凉",而且还可以理解为"悲壮"!因为斯科特一行五人用生命做代价,诠释了探险的意义,他们的行为是一种壮举!还有两个小组的同学提到了"孤独"之悲美,他们认为,斯科特一行,面对茫茫雪原,面对绝粮绝路,那种绝望不但没有将他们的意志击垮,反而使他们更加团结,这种境界可以称之为"孤独之悲美",因而,称之为"伟大"是当之无愧的!还有几个小组的同学谈到了"诚信"和"挑战自我"及"世人的景仰"。

问题探究完毕,我让孩子们从文中找出感动自己的细节,并谈谈为什么受感动。孩子们的谈吐让我又是一惊:以前,我真的小看了这群孩子，他们对问题的认识，已经远远超出了我的想象。尤其是我让孩子们"面对斯科特一行人，说一句心里话"的时候，秦郝（学习水平中下游）说："人总有一死，重要的是要死得重于泰山还是轻于鸿毛。"还有一个孩子说："他想到了臧克家悼念鲁迅的诗句：有的人死了，他还活着！斯科特一行人虽然为探险而献身，但他们的精神永远活着！"这个孩子叫徐崇熙，期中考试在五十名以后。范博文和史奇说："失败并不可怕，只要我们找到失败的原因，并加以改正自己的做法，失败之后就会有成功。"有个叫牟泓羽的孩子说出的话让我惊喜万分，他说："我要对斯科特说：失败不等于失去！"

失败不等于失去！这句话简直就是人生哲理！就这个问题，孩子们又进行了深入而热烈的讨论，最后得出结论：人生最大的意义在于其过程，只要我们每一天都过得充实、快乐，最终的结局其实并不重要。

这堂课以迈克尔·乔丹的一句话作为结束：我能成功，只是因为我在打篮球的过程中，失败失败再失败。因而，我们应该用感谢的心态对待失败！

回顾这堂课，孩子们没有任何一个人是看客，65个同学全部都非常投入，小组合作得非常成功，而且探讨得比我讲的要深刻得多。

感谢王老师跟我分享这样一种高效的教学方法！

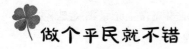

做个平民就不错

应该是 2019 级新生入校一周之后，军训完毕，面对初中骤然增加的史地生政四门新课程，孩子们浮躁兴奋的心逐渐沉淀下来，紧张忙碌的中学生活正式拉开了帷幕。

新的班级照例要有新的班委，新的班委也照旧进行竞选。那天下午，全班 64 人（后来尚晨晨从甘肃转学进入我班，班级成员变为 65 人）沉浸在一片肃穆的气氛中——班委成员选举开始了。每个同学的脸上都挂着有些怪异的表情，我知道，这些小东西虽然不说什么，可心里还是想给新班主任留下好印象的，而成为班干部则是他们接近老师的最好渠道。

因为有了一周的接触，孩子们之间已经非常熟悉，彼此的个性也了解个大概。作为班主任，在这一周之内，我跟他们一起吃饭，一起军训，清晨迎接他们到校，傍晚目送他们回家，默默地关注着每一个同学的言行举止，对于他们的性格特点，也有了初步的感性了解。我想，班干部选举，也是我进一步了解学生的渠道，所以格外郑重。

所有的孩子都双目紧盯面前的纸片，凝眉思索着什么。他们在掂量到底选哪些人进班委。然而，有个胖嘟嘟的小家伙却表情坦然地翻开语文课本，从笔袋里拿出钢笔，认真地写起了第一课的生字词。那个小家伙名字叫宋宁。

当同学们的选票陆续送上讲台的时候，我注意到，宋宁依然端正地坐在位置上，目不斜视地抄写着生字词。我不由得心生疑团：这小东西的选票呢？难道他早就做好了准备？心里想着，忍不住走去问他："宋宁，你的选票呢？想好了选哪些同学进班委吗？"

宋宁抬起他可爱的小圆脸，用他带着奶味的声音说："老师，我不想参加选举活动。"

"为什么？"我不由得心生惊异，这种情况还是第一次遇到。

"不为什么，就是觉得，做个平民就不错，参加什么竞选呀！"

那孩子说得非常平静，幼稚的脸上看不出沧海桑田的模样，可是，那番话却让我内心风起云涌。

"做个平民就不错！"这是怎样一种曾经沧海的心态呢？想起刚参加工作时，心血来潮到一所私立学校任教的事情，那可是典型的"贵族教育""精英教育"，凡是能到那所学校就读的孩子，首先要缴纳十三万元的建校基金，之后是每年一万元的费用，孩子们在学校里，吃的是苏杭聘请的糕点师傅精心制作的餐点，住的是四人一间带空调的房间，学习有高薪聘请的老师指导，生活有专门的保姆（美其名曰生活老师）管理……然而，这种昂贵的教育，培养出来的果真就是社会的"精英"或"贵族"吗？2008年，跟我一起在那所学校工作过的好友张，从迈阿密给我发来邮件，向我一一讲述了她所知道的那班孩子的近况，我读后心有戚戚。那班孩子中，竟然没有几个能有所作为，大多还是躺在父母的荫蔽中做了饱食终日无所事事的"富二代"。

记得五四时期曾经刮过一阵平民教育风。李大钊还撰文《劳动与教育问题》，极力呼吁多设劳工补助教育机关，使一般劳作的人也有均等机会去读书、去看报、去补习技能和修养精神。可是，时间过去了近一个世纪，这种呐喊声不但没有愈来愈大，反而越来越小到不可耳闻了。我们的周围，到处都是为上大学债台高筑的家庭，以及大学毕业后一边背着巨大的债务一边苦着脸到处寻找工作的年轻人。那些学业水平强势一些的，流尽血泪挤出国门，还有许多跻身于考公务员的独木桥上，有个朋友说，他的孩子参加一个乡镇的公务员考试，人家只要两名公务员，而报名的居然有一千四百多人……

是的，从幼儿园开始，孩子们就开始了一种非正常的竞争：有钱或有权的人家要挑选好的幼儿园，进了幼儿园要挑选好的老师，有了好的老师还要挑选去做班干部，被家长逼迫着跟同学比成绩……由幼儿园到小学，由小学而入中学，孩子们无时无刻不生活在一种竞争的压力下，这种竞争要一直持续到他们踏入社会，并伴随他们的一生。

小宋宁一句不经意的话，让我思索了很久很久，我知道，所有的孩子都是一个奇迹，只要给他们足够的时间和机会，他们就会证明给你看。然而，我还是不得不将班委成员竞选进行到底，因为我们没有任何办法改变既定的一切。

然而，对于那个胖嘟嘟的小家伙宋宁，我已心生敬意。如果每一个孩子都能用这种心态对待生活、学习，也许国家的人才金字塔尖会少掉一些所谓的精英，但是，其根基稳定会越发牢固。

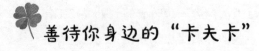

善待你身边的"卡夫卡"

"这次考试我又砸了。不用说，老师是没有好脸色看的，回到家里，等待我的照样是一顿没头没脸的训斥和棍棒。爸爸妈妈打完我就各人忙各人的去了，只剩下那条叫作'哈利'的小狗还是个喘气的活物。我拖着被打伤的腿艰难地来到院子里，哈利一见到我就飞快地跑过来，用脑袋在我的裤角上使劲地磨蹭着。我知道它是用这种方式在向我诉说它的同情，于是蹲下身来，抱住它那小小的温暖的脑袋。我就这么抱着小狗哈利久久地蹲在空无一人的院落里，不愿意回到同样空无人迹的房子里。这一刻，我突然想：如果我也变成一条狗该多好啊，那样，受了委屈之后，就可以有个谈心的伙伴了……"

读着这篇题为《我想变成一只狗》的学生作文，我的心一次又一次沉浸在无边的悲哀中。它使我不由自主地想起卡夫卡的《变形记》以及那个早晨醒来突然发现自己变为一只甲虫的格里高尔。所不同的是，《变形记》的主人公格里高尔的变形是被动的，而这个学生却是主动想舍弃做人的资格，而希望自己变成一只狗！

《变形记》的作者弗兰兹·卡夫卡，是奥匈帝国的著名作家，也是世界文学史上值得大书特书的一位伟大的作家，他一生的成就影响了国内外许多作家的写作风格，成为一代文学宗师。卡夫卡于1883年出生在奥匈帝国布拉格一个中产阶级家庭，兄妹四人中他是长子。父亲是一个白手起家而颇为殷实的犹太籍百货批发商人，他性格专横跋扈，性情古怪暴躁，对孩子动辄打骂，"专横有如暴君"——卡夫卡就是这样评价他的父亲的。长期担惊受怕的童年，不仅在卡夫卡心中留下了一道道深深的伤痕，也造就了他怯懦胆小的性格。在卡夫卡的记忆中，一个寒冬的深夜，父亲由于卡夫卡的一个细小错误而把他从床上拉起来，罚他穿着睡衣到户外过夜。卡夫卡一方面自幼十分崇拜、敬畏父亲，另一方面，一生都生活在强大的"父亲的阴影中"。他的母亲是一个气质忧郁、多愁善感的女人。这些对后来形成卡夫卡孤僻忧郁、内向悲观的性格具有重要影响。从精神分析的角度来讲，这些琐屑但可怕的小事势必给卡夫卡造成严重的心理障碍，从而影响他成年后的生活。在卡夫卡的早期小说《地洞》中，那只成天战战兢兢、警戒着莫须有的威胁的鼠类，便是卡夫卡心理的写照。而在他的日记和书信中，"恐惧"二字更是时常出现。看到湖心的船只，他感到恐惧；看到雪地上的行人，他感到恐惧；甚至明媚的阳光也使他感到恐惧。这种类似本能的恐惧，最直接的原因就是受不幸的童年的深刻影响。

由此可见，一个人的童年生活，会自始至终地影响着他的一生，无论他将来从事什么工作，其行为无不受童年生活的深刻影响。从某种意义上来说，一个人有着什么样的童年生活，那么他就会有着什么样的人生轨迹。

一个父母亲都是高级知识分子的学生曾经这样对我说过：她的父亲在我们这个城市是个不大不小的官，性格极度古板、孤僻、沉默寡言，虽然是个知识分子，却有着严重的封建观念——重男轻女。她的父亲从未试图跟她进行过沟通，甚至坐在一起未曾有过超出十句对白以上的对话！对于孩子的学业，成绩好的时候，父亲冷若冰霜，成绩不好的时候，父亲则是棍棒交加。无论好与不好，对那个父亲而言，都是不足为奇、不被重视的。那个女孩流着泪说："老师，每当我读到《背影》这篇文章的时候，我就会情不自禁地哭出来。我多么渴望我的父亲能够像别人的父亲那样欣赏自己的孩子、爱护自己的孩子啊，可是，这辈子我还能得到父亲对我的爱吗？"

面对那个女孩椎心泣血的真情告白，我不由得想起了卡夫卡那不幸的童年，也许正是那不幸的童年才造就了卡夫卡在文学上的伟大成就，但是，毕竟像卡夫卡那样在逆境中崛起、成才的人是少数的，大多数像他那样不幸的人甚至连做人的自信心都没有了，还谈什么成就呢？我们也不妨做另外一种假设：如果他的童年生活美好一些，多一些值得留恋的东西，又焉知不会使卡夫卡的文学成就更加辉煌灿烂呢？每一个生命来到这个世间，就是一个鲜活的异于其他的个体，他有权利要求得到别人的善待和看重，而不是遭到冷遇、鄙视，甚至是虐待和扼杀。对人的最终极的关怀并不在于丰富的物质或者最优厚的生存条件，而是一种心灵的关怀。对一个人最严厉的惩罚也莫过于对其心灵进行冷酷的放逐，使之在没有爱和关怀的情况下慢慢枯萎。人的生命就像一泓江水，其实它的源头与终点早已注定了，然而江水的深度与广度却是始终伴随着那种激流的澎湃，这正像一个人从妇产医院来到了这个世界，开始了生命的启程，从殡仪馆离开这个世界，为生命画上一个句号。而就在这来与去之间，却是人生那跌宕的激流——这激流的动力源泉就是爱和关怀。没有了关怀和爱的人生，无异于失去了动力的机车，是不可能前进的，勇往直前就更无从谈起。

我们往往因为喜爱鸟语花香的明媚春天，于是便渴盼人生处处是莺歌燕舞，四季如春。可世间是否因此而少了"淫雨霏霏"呢？

卡夫卡那不幸的童年阴影伴随了他整个的人生，他曾三次订婚，又三次解除了婚约，始终不敢迈进婚姻的殿堂。他的作品题材总是那么沉重、累赘，气氛总是那么梦魇似的，主题总是充满无法解除的痛苦。那种非理性和自我存在的徒然的无望、苦痛和孤独感来源于何处呢？我觉得这与他童年时代的不幸遭遇是分不开的。那个得不到父爱的女孩子，她所体验到的那种精神桎梏的烙印，已经永久性地渗入了她的骨髓，并不时地滴出血来提醒她所遭受的不幸和磨难。这种深深烙入内心深处的东西，是永远也无法磨灭掉的。那么，她的一生会怎样呢？我不敢想。而那个想变成一只狗的可怜的孩子，他最大的"过错"只不过是考试成绩不理想！人生的内容丰富多彩，难道一次考试就可以将一个充满活力的生命宣判为死刑吗？是谁剥夺了那些孩子做人的快乐？谁给了我们这样的权利？也许会有人说：正是那不幸的童年才造就了一代伟大的作家卡夫卡。可是，如果没有那不幸的童年的阴影的笼罩，谁又敢说他的成就不会更加辉煌璀璨？

幸福和愉悦的人用歌声裹着泪水，坚忍地寻觅希望；不幸和烦恼的人，用泪水浸渍着歌声，悲戚地放逐岁月。风雨里可以祈盼雨后艳阳的晴空，而不易拥有的生命不能遭受虐待和轻视。生命这一上天的恩赐需要我们加倍地珍惜与呵护，否则的话，孤独受伤的心一旦背叛生命，便会在黑暗里渐渐消逝。当年的卡夫卡躲在乡间的小窝里痛苦思索的时候，恐怕连他自己也不曾想到，有一天他会被称为西方现代主义文学的先驱和大师。那么，你身边那些需要呵护的生命中，谁能说将来不会产生卡夫卡式的人物呢？谁敢说他们当中没有隐藏着未来的著名科学家、文学家、艺术家？谁能说在他们当中不会出现某一领域的一代宗师？既然如此，那么，我们为什么还要虐待那些幼小却是充满希望的生命呢？我们还有什么理由不去好好爱护、关怀那些鲜活的生命？

　　善待你身边的"小卡夫卡"吧，在将来的某一天，你会看到由这些不起眼的生命所创造出来的举世瞩目的成就，每一个生命都将成为他自己的卡夫卡，成为一个让你刮目相看的人。

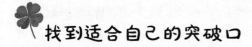
找到适合自己的突破口

英语老师要在班里搞一个英语角，为了配合她的工作，我跑到政教处找刘老师写了几个鲜红的大字作为标题。想起教室南边的墙壁上还有一块"空地"没有好好利用，于是临时又加上了"数学园地"四个字。

字是写在那种称为"即时贴"的纸上的，同事说，即时贴上的字要弄到墙上，需要好几道工序：先是将字之外的那部分废料去掉，然后用另外的粘贴纸覆盖在字上，将字反着粘贴在纸上，再将粘贴纸贴在墙上，拍打一番，揭下来就可以了。

听了老半天，觉得头都木了，弄这么点小玩意儿，居然还如此复杂？捧着那些字回到教室，开始在讲桌上忙活起来。先是找到一把裁纸刀，试着将即时贴挑起一个角，然后小心翼翼地往下揭那些边角废料，然而，废料非常"团结"，纠结在一起，稍微一用力，连字迹也跟着揭了下来……弄了好半天，结果是焦头烂额也没搞好一个字。

这时候，班长阿晓跑了过来，关切地问："老师，这是在做什么？"团支部书记阿敏也跑上来问长问短。

见来了帮手，我一边感到非常窘迫，一边又开始思考窍门。别看这事很小，可小事要做好也不容易。想了一会儿，终于有了办法：用裁纸刀在那些废料上这儿一刀，那儿一刀，将"团结"在一起的废料割得七零八落，然后开始一点一点往下撕。这下子废料的"团结"精神不起作用了，终于被我一点点"愤怒"地撕扯下来。

这时候，下课铃响了，好多同学都围了过来，叽叽喳喳地问我做什么用。我指着那些大字像个决胜于千里之外的将军一样吩咐："一人一个字，把边角废料给我撕掉！"

同学们你看看我，我看看你，不知道该怎么办才好。阿晓见状，拿起裁纸刀学着我的样子，在废料上这儿一刀那儿一刀，很容易就将第二个字弄好了。同学们恍然大悟般看看我，几个同学便也学着样子做了起来。

很快的，"英语角""数学园地"七个大字便被我们齐心协力地弄好了。望着那些被撕下来的边角废料，我突然灵机一动，对同学们说："刚开始拿到这些字的时候，我感觉是老虎吃天——无处下手。经过思考，我终于找到了窍门：将整个一块的边角废料切割成一小块一小块，然后各个击破，结果就容易多了。孩子们，由此你们想到了什么？"

阿畅立刻伸过脑袋，兴奋地说："我想到了语文书中的课文《走一步，再走一步》！"

"我也想到了！把大困难化成小困难，然后就可以一点一点克服掉了！"

听着孩子们的议论，我由衷地笑了：其实，每一个同学在学习上、生活上，都会遇到各种各样的困惑和阻挠，当我们遇到貌似没法克服的困难时，该怎么办呢？观望显然不行，退步更是弱者的表现，所以，这时候我们就要想想孔子的那句话：学而不思则罔，思而不学则殆。只有学思结合才能找到事半功倍的窍门。如果我们遇事能认真思考，找到困难的突破口，自信心在无形之中就建立起来，有了自信心，再大的困难也会显出渺小来。

由此我想到，对于那些学困生，我们是不是也要帮他们找一找适合他们的突破口呢？比如有些孩子虽然语数外成绩不好，然而其史地生政可能要强一些，即使史地生政也不太好，还有信息技术、劳动技术、体育、音乐、美术……总会有某一种课程是他偏爱的，那么，就可以以某一门他擅长的课程作为突破口，帮助他建立自信心，然后逐步引导其对各门学科感兴趣。

当然，这个过程不可能一蹴而就，很可能是漫长的，但是，只要我们有信心，相信总会有所收获。朱永新教授倡导的"新教育"强调：只要行动，就有收获。那就让我们行动起来，帮助孩子们找到适合自己的突破口吧。

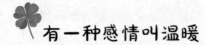

有一种感情叫温暖

　　曾听说过这样一个故事：一个喜欢冒险的男子去登山，遇到雪崩，困在山里和外界失去了联系，在零下四十摄氏度的条件下，被整整困了七天，最后终于获救了。人们都惊讶他的耐力和毅力，而当营救他的人把他已冻僵的手掰开，发现里面有一张照片，是他情人的。后来他说，是这张照片让他活下来了。

　　一张照片能让一个人抵御零下四十摄氏度的严寒，重新获得了宝贵的生命，这种感情叫什么呢？我想她应该就叫作"温暖"。

　　人生于世，谁不曾经历过或多或少的温暖时刻呢？艰难困苦中一句鼓舞的话，失意时一杯淡淡的水酒，好友离别时的一声声叮咛嘱咐，暗夜里照亮旅人的一盏微弱的灯火，节日里一条充满关爱的短信息……都会使疲惫的人顿生温暖的感觉。然而，在这越来越冷漠的世界上，能够让人产生温暖的事情却越来越少了，人们整天忙得晕头转向，一刻不停地奔向既定目标，甚至连停下来感受一下的时间似乎都不多。于是，感慨"温暖不再"的叹息声日益壮大，却没有人认真思考一下：温暖的感受不仅仅是索取，更重要的还是给予啊。

　　前些日子上网查资料，在百度的贴吧里居然看到了这样一条信息："代老师，我们想您！多年以前。当我们满怀憧憬迈进初中校门的时候，是您用温暖的情怀将我们带入了文学殿堂，您还记得我吗？

我是董赛男，您 2001 级的学生。"文字很短，也很简单，但是所蕴含的感情却是很长很长。眼睛在屏幕上长时间地停留着，思绪已经随着"老师"这个温暖的称呼飞向那些可爱的孩子们。不由得就想起去年教师节学生们来看我时那种老朋友久别重逢般的热烈。记得当时一个考入实验高中的女孩子很骄傲地对我说："老师，我的作文得满分了！你知道我写的什么内容吗？我写的就是您——我初中里最敬爱的老师！我现在的语文老师都被我们之间母女般的感情打动了呢！"还有一个考入一中的学生，在紧张的学习间隙里，居然给我写了长达五页纸的信！在信中，他逐一给我介绍了自己在高中里的生活学习和理想追求，甚至他的家庭中发生的许多事情都毫无保留地向我这个昔日的老师做了详细的介绍。在信的末尾，他的落款是"你永远的朋友形祥龙"……

想起这些，被人和事折磨得有些麻木的心灵便开始复苏，久违了的泪水一滴滴落下来，洗涤着灵魂深处一层层的尘埃，将做人的原则一遍遍刷新，温暖的感觉悄然降临。

温暖的感觉无疑是每一个人都体验过的，可是，有些温暖是虚幻而短暂的，经不起时间的咀嚼推敲；有些温暖是浅薄的，人人都需要但又都不满足；有些温暖确切地说只是一种叫作感动的情绪；还有一种温暖是藏在岁月的身后的，正如我和我那些可爱的学生之间的感情，在回味时才感觉到意味深长，这样的温暖往往香远益清。但是，不管是怎样的温暖，只要你还能产生这样的感觉，你的生命就会获得不同程度的美丽和精彩。

追溯温暖的源头不外一个"情"字。工作了一天，拖着疲惫的身子回到家里，一家人围桌而坐，笑语声声，那是亲情的温暖；朋友遇到困难找到你，对你倾诉，一起痛苦，一起快乐，那是友情的滋味；执子之手，与子偕老，相濡以沫，患难与共，那是爱情的执着。温暖是灿烂的春天，里面生长着盎然的春意，温暖是和煦的风儿，激扬起蓝天的歌唱和鸟儿的欢鸣。

在所有的情感当中，亲情给我们的温暖最多，也是最稳定的，然而正因为多了，稳定了，所以也最容易被漠视。友情和爱情带来的温暖是流质的，充满了动感与新鲜。但是，因为有意外和惊喜常伴所以往往记忆深刻。一封久违了的信件，一句远方熟悉的问候，一个陌生的淡淡的笑容，一次充满情调的邂逅，一条幽默诙谐的短消息……生活多艰，世事无常，漫漫旅途中在不同的时刻能感受到不同的暖意，你会觉得生命本身是何其有意义的一件事情。

温暖的情绪一如杯中淡绿色的清茶，冒着微微的热气。渴极了的人无法将其当作饮品解救自己，怀着淡淡的轻愁静心品茗的时候，才会发现它的魅力。此时你的心或许会在那温暖的热气中一如杯中的茶叶，渐渐舒展开来，随着袅袅生出的雾霭，变成一种极致的美丽。

当一个人被裹在冷漠中太久太久的时候，对温暖的渴望是强烈的，一如杯中的烈酒，闻一闻都会醉人。在寒冷的冬天，窗外是北风的怒吼。此时，哪怕是一束小小的火苗，也会使你感到无比的温暖。这时候，你的心不再感到冰冷寂寞，一种被温暖包裹着的幸福悄然降临，使你惶然的心踏实起来，满载着希望的生命又可以开始一场新的拼搏。

明亮与温暖，可以说是人类最根本的需求，也是人类最永恒的话题之一。从最古老的那个原始部落开始，当人类终于被火光照亮，从此便有了温暖，有了终生的依靠。所以普罗米修斯极尽艰难盗来火种，将温暖与光明送给人间，也将生命与未来送给人类。

夜深人静的时候，静静地望着淡蓝色的火焰在火炉中一点一点奔涌而起，欢腾跳跃。闻着木柴燃烧时发出的馨香的味道，听着那噼里啪啦如歌般温暖的响声，想着远远近近围在身边的亲人朋友，想着那些将自己当作梦中风景的可爱的学生们，心便温暖起来，平和起来，无所欲求了。而这一切，只不过是因为有了一种感觉叫作温暖。

又是一年新春到，听着电话中学生们一声声："老师，我想您！""老师，您身体还好吗？""老师，我们永远爱您！""老师，您辛苦了！"……一种久违的温暖的感情浪涌心头。在逐渐寒冷的季节里，温暖像长夜中的星辰，在生命的长河中闪亮，即使窗外寒风呼啸，冷雨频仍，有了温暖的呵护和关爱，那会是怎样一种心情呢？你会感到连生命都有了附丽，有了依托，添加上了动人心弦的颜色。

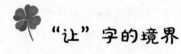

"让"字的境界

那天晚上跟几个朋友一起吃饭。聚会地点选在海曲人家新开业的一家餐厅里。因为刚刚建成不久，这条街上没有车水马龙的喧闹，没有红灯绿酒的放肆，有的只是一片幽雅的宁静。所有的建筑物均采用徽式的白墙灰瓦，廊栏曲折，飞檐翘角，古朴典雅，号称日照的小江南。这里北靠小家碧玉式的香河公园，曲径回廊小桥流水，难得的清净去处。西依曲折南流的小香河，此时正值秋天，两岸绿柳依依水汽淡淡，沁人心脾。南边不远就是幽静美丽的海曲公园，老人孩子牵手漫步，温馨愉悦。在这样的环境中，什么都可以不想，什么都可以放下，人的精神随之放松，一切的一切似乎都悄然退出，剩下的只有这一刻无比的惬意。

平日里忙忙碌碌脚不沾地，忙得连朋友长什么样都快想不起来了，好不容易凑到一块儿，如果一如往常被琐碎的公事私事所纠缠，聚会也就失去了意义。因而，之前大家约法三章：不准谈孩子，不准谈家事，不准谈学生。

于是就小心翼翼地避开这些话题，一边小酌一边天马行空地海聊：今年去哪儿旅游了景致如何，最流行的服装样式貌似又开始回归了，目前的房市好像不太看好……聊着聊着，开始的热烈逐渐消失，取而代之的是短时间的冷场，继而，大家变得异常沉默起来，似乎已经没有什么可以交流的了。

也难怪，大家都是当老师的，每天一睁开双眼，看到的、听到的、想到的全是学生，除了谈学生之外，似乎已经找不到多少共同感兴趣的话题。宴会进行到一半的时候，到场的人大多都感到了一种无形的压力。于是，绕来绕去终于又绕了回来。

　　一谈到学生，朋友们的脸上立刻有了表情，饭桌上的尴尬一扫而空。

　　H说起班里的故事，口若悬河滔滔不绝，一改刚才的木讷呆滞；L讲起跟学生斗智斗勇的事情，眉飞色舞手舞足蹈，简直给个公安厅厅长都不换；J说到家长会的精彩之处，差一点就跳起来演讲了……大家七嘴八舌争先恐后互不相让的时候，K从椅子上站起来，长长地叹息一声道："你们命好，摊上的学生看来都是好样的，我今年新带的这班学生中，可以说一筐木头砍不出个栽子来！从开学到现在，都已经过去快一个学年了，我到现在仍然没有选出班长来！你们说，我该怎么办？"

　　K的问题立刻引发了新一轮热议，大家围着K七嘴八舌议论纷纷。看来，K遇到的问题不是个案，凡是当过班主任的老师，大概都遇到过班长难选的问题。

　　"K你的问题其实也是我遇到的问题，我班目前虽然发展良好，可是班长却一直没有固定人选，我采用的是值日班长制度，每天一个值日班长，轮流坐庄。"L边说边叹息，"这样做有它的好处，但坏处更多，因为每周每人只值一天班，所以五个值日班长没有一个有责任心的，班里有了什么事情，你推我我推你，谁也不想承担责任，有了事儿还得我这个班主任亲自出马去处理，我都快被班里的琐事累死了！唉！"

　　L的做法，其实也是在座各位的做法，大家好像商量好了一样，大多都采用这种值日班长轮流坐庄的班委制度，然而，正像 L 感叹的那样，这样做虽然可以让更多的孩子得到锻炼的机会，但弊端在所难免。我刚开始当班主任的时候，也是采用这种办法的，可是，没过一个学期，我就发现这种班委制度太累人了，凡事必得班主任亲自出马，稍一疏忽就可能酿成大祸。因而，我最终还是采用了班长"终身制"的做法。

有过班主任经历的老师都懂得，一个良好班集体的形成并稳定发展，必须要有一个核心人物来带领，这个核心人物就是班长。因而，每次接到新的班级，我总是不动声色地对孩子们进行一段时间的观察，然后根据观察所得，结合孩子们的学习成绩来选择班级的领头雁。

刚带的新一级学生也不例外，开学一个多月之后，我宣布了班长人选为立立。可是，当我把这个事情跟其他任课老师汇报的时候，却得到了异口同声的反对。英语老师率先发难："立立的确是个成绩不错的孩子，可是，他自控能力特别差，上课的时候，总是管不住自己的嘴巴，弄得我好几次差一点在课堂上失态！"数学老师也表示非常不理解："这个孩子的确有着良好的学习习惯，可是我觉得他在做人态度上不太好！这个孩子挺自私的，别的同学问他数学题，他总是推三阻四不给人家讲，有好几个同学跟我说起过这种情况了。"生物老师意见更大："立立虽然学习成绩不错，可是我觉得最重要的还是做人要老实！这个孩子很善于耍小聪明，而且不听老师指挥，在课堂上就敢跟老师硬顶，对老师连起码的尊重都没有！"政治老师、地理老师也纷纷表示反对，甚至连微机老师都大喊抗议……

也许因为我是班主任的缘故，立立在我面前一向表现还不错，是个比较有潜力的班长苗子。面对众位任课老师激烈的态度，我有些吃惊，他们让我看到了立立另外的一面——自私、耍小聪明、自控能力差、做人不老实、跟老师顶牛……我一时有些尴尬。

到底该不该让缺点多多的立立来当这个班长呢？我犹豫了差不多一个星期，最后还是顶着所有老师都反对的压力，让他当起了班里的领头雁。我的想法是这样的：十三四岁的孩子，很容易犯这样那样的错误，但是，只要孩子的本质不坏，就应该给他一个锻炼的机会。人无完人金无足赤，孩子有了错误不可怕，可怕的是犯了错误不想改正。以我的观察，立立还不是那种坚持自己的做法不肯改变的孩子，而且这孩子身上有股子韧劲，只要做班主任的抓住时机好好调教，相信他一定能胜任这个班长的。

立立当班长之后的一周，我找他进行了一次深入的交流。我委婉地将任课老师的意见变成自己的看法和盘托出，并告诉他，要想当一个好样的班长，必须克服掉自身的缺点，在同学们心目中树立起良好的形象。

"你现在面对的是六十多个同学，如果大家对你不满意的话，相信你心里也会很难过。老师其实是想通过这三年的锻炼，为你将来走向社会，去管理六百个、六千个、六万个乃至六十万、六百万人打好基础，因为我觉得你将来一定是一个能为大家谋福利的将帅之才！"

这一次交流之后，立立的言行有了非常明显的变化，我有好多次看到，他课间主动去打水浇班里的花草，每天下午值日生值日的时候，立立也总是陪伴着他们，跟值日生一起打扫卫生，班里的壁报、班级日志等，他管理得井井有条……

与此同时，我又跟所有的任课老师进行了一次私下交流，这一次，任课老师们对立立的印象有了明显的改变。英语老师说："立立其实是个很有能力的孩子，只要他想管住自己，就一定能管住！"数学老师说:"这小家伙挺机灵的,他同桌的数学成绩有了很大提高,据说是因为有他的帮助。"生物老师也不再生气了,说他上课的时候,有同学插话时立立就会替他管纪律……

班长的人选就这样确定了下来,我的工作因之减轻了许多。比如,上自习课的时候,我几乎不用到教室去,因为只要我不在,立立就会拎着板凳到讲台上坐好,一边写作业,一边管理班里那些调皮的孩子,我们班的自习课从来没有因为我不到场而混乱不堪。

然而,事情的发展绝不是一帆风顺的,不久后的一天,有个比较调皮的男孩家长给我打电话,说他儿子被同学给推到墙上撞伤了脑袋。那位家长说,他儿子小时候检查,医生说他脑袋里有个小瘤子,像这样被同学推到墙上撞来撞去的非常危险……家长说得很委婉,显然给我留足了面子。我心里很是吃惊,第二天就找到立立,问他究竟是谁撞了人。没想到,立立立刻红了脸,讷讷着说:"人是他撞的,但不是故意的,他们几个课间在走廊上玩耍,一不小心就将那位同学挤到了墙上,撞伤了额头……"立立说完,有些委屈地望着我又说,"老师,我已经跟他道歉了,他也说过,不会跟家长说起这件事的,可是他不守信用,还让家长给您打电话!某某某太顽皮了,我本来不想跟他玩的,他偏拉着我出去玩儿,我以后再也不跟他一起玩了!"

面对脸色通红的立立,我判断他说的不会是谎话。男孩子在一起,打打闹闹是常事,可要是一朝被蛇咬十年怕井绳,于孩子们的交往显然不利。于是,我将那个顽皮男孩找了来,让他们俩自己解决这个问题。立立看到那个男孩之后,把脑袋拧到一边,脸上满是鄙夷的神情。

看到这种情况,我给他们讲了个佛经故事:从前有一个修炼人,他从年轻就想修炼。古时候修炼的人需要挖一个洞穴进去打坐。

这个人自己刚挖好了一个洞，一位长者来了，对他说："年轻人啊，能否把这个地方让给我呀，我已经老了，恐怕没有太多的时间修了，你来日方长，再挖一个也不迟。"

修炼人说："好吧，给你吧。"他接着又挖另一个洞，刚刚挖好，又被别人占去了。就这样，他挖了一个又一个洞，但最后总是让给别人。最后，他老了，他费了好大劲，为自己挖了一个，他想这一次可该好好修一修了。不料，刚挖好，一个小伙子来了，对他说："嗨，老头儿，瞧你这么大年纪了，还能修吗？还是让我来修吧。"修炼人无可奈何地摇摇头："好吧，那你就进来吧。"上了岁数的修炼人，再也没有力气为自己挖洞了。但是他心中很安慰，看着自己为别人修好的洞穴，他想：这么多人在自己挖的洞里修炼，不也是一种幸福吗？我何必在乎修不修呢？这时，一位长须长者出现在他面前，微笑着对他说："你的修炼已经圆满了。"

故事讲完之后，我看到立立的脸上出现了沉思的表情，片刻之后，他走到那位顽皮男生身边，拉住他的手用力握着说："对不起，我以后跟你玩的时候会小心地保护你的！"

两个孩子手拉手走了，我心中一块石头也落了地。一个人立于这个世界上，只要有了一颗总是为别人考虑的心，那也就等于是拥有了最美好的未来。因为你不管付出了多少，最后都会得到加倍的回报。人境界之高低，最容易显现的时候不是受追捧或功成名就的时候，而是吃亏的时候、受委屈的时候、被欺骗的时候。

在众位老师的关注和同学们的监督下，立立的成长很快，一个学期结束后，班里投票选举优秀班干部、优秀团员、三好学生，立立以最高的票数获得了这三项荣誉。当我当众宣布投票结果的时候，我看到立立的脸上露出了得意的笑容，我的心不由得一紧：即便是成年人，当自己获得了极高的成就或荣誉的时候，都会忍不住沾沾自喜，何况一个孩子呢？然而，这种情绪往往又是导致功亏一篑的致命弱点！

投票结束之后，我将立立叫到办公室，又跟他进行了一次深刻的交流。

我跟立立说："班里共有 60 多个孩子，在我的眼中，每一个孩子都是优秀的，都应该得到应有的荣誉，可是，学期终结评奖名额有限，该怎么办呢？"

立立很困惑地望着我，这个问题显然是让他为难了。

看到他那种困惑的表情，我没有让他立刻回答我，而是让他回去好好思考一下，想出办法之后再来找我。

那天放学后，立立又去了我的办公室，这一次，他脸上的困惑没有了，取而代之的是满脸的喜气。

"怎么样，办法想出来了？"

"想出来了老师！"立立腼腆地望着我说，"我和副班长、团支部书记、团支部副书记四个人每人都评上了优秀班干部、优秀团员、三好学生，可是，班里的工作并不仅仅是我们四个人做的，还有学习委员、卫生委员、纪律委员等，他们也应该得到应有的荣誉。我想把我的荣誉让出来两项，让给那些为班级工作做了大量工作的同学！我粗略地计算了一下，我们四个人每人只要一项荣誉，其他的荣誉让给别人，我们班就可以比别的班多出八个同学获得荣誉。剩下的那些没获得荣誉的同学，咱们可以根据他们的优点自己设置奖项，用班费为他们发奖品！"

立立一边侃侃而谈，一边掰着指头计算着：希望之星可以评选多少多少，尊敬师长之星可以评选几位，热爱劳动之星可以怎样评选，孝敬父母之星该如何评选……条分缕析说得头头是道。我忍不住拍案而起，大声叫好。

就这样，在立立的带动下，副班长、团支书、团支部副书记四人，每人只保留了一项荣誉，其他两项荣誉让给了班里另外的同学。

当我将以立立为首的班委会的决议在班上宣布的时候，全班沸腾了，同学们的情绪非常激动，掌声在教室里经久不息地回荡着。

此后的事情就简单多了，立立成了班里名副其实的领头雁，无论大小事务，只要有他在，我们班从来不会发生意外。一个懂得了"让"的孩子，还能遇到什么难题呢？一个"让"字，成就了他在同学们心目中高大的形象，也让立立真正地立于不败之地。

从此以后，我开开心心地当起了甩手"老班"，再也不用为班里的琐事而焦头烂额。

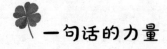

一句话的力量

寒假开始。

结束了早起晚睡的劳碌生活，却又赶上了春节卫生扫除大战，上墙爬屋脚不沾地地收拾了一天，看看还是没有头绪的房间，叹了一口气，一屁股跌坐在沙发上，腰酸背痛腿抽筋算是全体验到了。可是，多年来养成的"今日事今日毕"的习惯却不允许我偷懒，片刻的休整之后，卷起袖子冲进厨房，发誓不把那些油腻腻的电器擦拭干净绝不吃晚饭！

正在我一手挥舞抹布一手高举油污去除剂跟顽强的油渍大战的时候，手机不合时宜地响了起来。举着两只油腻腻的手呆愣了片刻，只得一边抱怨是谁这么没有默契，早不打晚不打偏偏我两手油腻的时候打！一边还是匆忙冲洗干净双手，这时手机铃声已经响得有些不耐烦了。

屏幕上显示的是一个陌生的手机号码。心里的怨气油然而生，这个人真的很不体谅人啊，就算你不知道我在大扫除，可这个点儿正是吃晚饭的时候，无论有什么急事儿，也不能在饭点儿给人打电话吧？这是最起码的做人道理啊！

手机铃声还在顽强地响着，叹息一声，摸起来接听。

一个男人的声音在我耳边轰然响起：老师！我是某某某的爸爸！鼻音浓重，像吃多了郯城大蒜。

哦，原来又是学生家长！某某某是班里一个成绩很不理想的孩子，快三年了，他的父亲、母亲几乎没有参加过家长会，也从没有给我打过电话，估计连我姓甚名谁都不知道吧？否则的话，怎么会连个姓氏都不加，直呼"老师"，甚至连个"你好"都没有。这种情况，在我有手机以来还没遇到过。

疲劳加上心情不畅，我的声音不由得有些疲惫："哦，您是某某某的爸爸啊？有什么事需要我帮忙吗？"

"嗯嗯嗯，我是某某某的爸爸。"对方显然是个感情不怎么细腻的男人，居然没有听出来我的疲惫，在电话那边鼻音很重地答应着，那一连串的"嗯"字让我倍感难受，似乎是我在打扰他，让他难以应付。心里一阵悲哀，忍不住心生怨气：嗯嗯个头啊？不是都已经自报家门了吗？用得着这么再三强调您的身份？我难道不知道你是某某某的爸爸？有啥事就赶紧地说好了，矜持啥呀？对这样的人，是不是我应该大声喊出那个"不"字，让他也懂得一些尊重别人就是尊重自己的道理呢？这一刻，我真的想对着话筒高声喊：对不起，我是打酱油的，您打错电话啦！然而，还是强忍着不耐，压住心头的怒气，静等对方"鼻音"。

"嗯嗯嗯，老师你吃饭了吗？"没头没脑的，对方像个袭击高手，又来了这么一句道三不着两的话。我以手加额，心中不停地默念着："息怒息怒息怒……"正在犹豫是否找个理由将这个没头没脑的电话推托掉的时候，对方浓重的鼻音又响了起来："老师，家长会那天，我回家就跟我儿子说了那句话。"

这个家长的确够让人闹心的，家长会那天，从上午九点一直到十二点半，我滔滔不绝地讲了无数句话，跟家长们交流完孩子们的共性特征之后，又一个个地交流孩子们的个性特点，自己都感觉貌似临终遗言一般，可是家长们那种期待的眼神，又使得我无法停下来，直说得我口干舌燥嗓子冒烟满嘴溃疡，谁知道这位家长指的是我说的哪一句话呢？心里突然冒出一个很搞喜的念头：这位同志如果写小说，一定是一位了不起的悬念高手！这样想着，心里的怨气突然就消失了，打个电话像捉迷藏猜谜语一般，其实也挺有意思的。

正在为自己的"伟大"发现"沾沾自喜"的时候，那个家长的鼻音又响了起来："我以前一直都觉得我孩子学习不好，老师一定瞧不起他，没想到这次家长会上你让我们回家后第一句话告诉孩子：在老师的心目中，你的形象非常美好。我把这句话跟我儿子说了之后，他愣怔了半天，然后就悄悄地去房间学习了，今天一整天都没有出去野，也没有玩手机电脑。老师，这句话太管用了，早知道这样的话，我就天天跟儿子说这句话了。"

雾霾散尽，朝阳冉冉升起，霞光四射。我终于搞清楚了这位"鼻音"同志所设悬念的答案。

那天的家长会上，我的最后一句话是这样说的："无论您对我这个当班主任的有什么样的看法，今天回去之后，都要跟您的孩子说：孩子，我没有想到，你在你们班主任心目中的形象是如此美好！请各位家长一定要把这句话带给您的孩子！"

之所以跟家长们特地交代这样一件琐碎的小事，是因为前不久我遇到了一位同学，他的孩子语文成绩相当不理想，再三要求我抽时间帮他的孩子"补一补"语文课。跟孩子交流了几次之后，我发现那孩子其实并不讨厌学语文，而是对他的语文老师很不"感冒"，究其原因，是因为那位语文老师总是在同学们面前批评他，说他脑子缺根筋，不是学语文的料儿。久而久之，这个孩子对语文老师烦到恨不得"掐死他"！顺理成章，每到语文课，那孩子就故意捣乱东张西望做小动作惹怒老师，听课根本就免谈，成绩从何而来呢？

这个孩子的问题让我倍感悲哀的同时，也让我感悟到这样一个事实：任何一个孩子，都希望自己在老师的心目中有一个良好的形象。如果孩子发觉自己在老师心目中形象很差的话，他们就会破罐子破摔，甚至故意与老师对立。这样的情况一旦发生，想要逆转非常困难，其直接结果就是，孩子越来越难管，老师越来越难过，家长越来越难受。

想明白了这个道理之后，再次跟同学的孩子交流的时候，我跟他撒了个谎话。我谎称跟他的语文老师是好朋友，大力称赞他的语文老师如何如何优秀，然后故意郑重其事地说："你语文老师昨天给我打电话了，他说他其实很喜欢你的机灵劲儿，就是因为他特别喜欢你，所以才对你要求更加严格，在同学们面前嘲笑你批评你，不是因为讨厌你，而是因为太喜欢你了。比如邻居家的阿姨对你要求总是没有妈妈严格，为什么呢？因为妈妈是对你负责的，而邻居家的阿姨对你没有责任，所以要求就宽松。你的语文老师正是因为对你负责才严格要求你哟。"

那孩子似乎听懂了我的话，瞪着大眼睛想了半天，问我："阿姨您是说，我语文老师他不是讨厌我？"

我赶紧跟他说："阿姨能骗你吗？你语文老师给我打电话的时候说，他不但不讨厌你，而且特别喜欢你！你在他心目中的形象美着呢，你以后可要好好维护自己在老师心目中的形象哟。"

那孩子很郑重地点了头，并很绅士地说："阿姨，既然我语文老师不讨厌我，那我以后也不讨厌他啦！"

之后的事情顺理成章，同学的儿子语文成绩从五十多分直线上升到九十多分，再也没有听他说过要"掐死他"那样可怕的狠话。

后来与同学交流起来，同学依然要求我给他儿子补语文课，我说："你儿子不需要补语文课，只是需要补一句话，这句话就是：你在某某某的心目当中，形象太好啦。"

　　这个生活小插曲让我这个当班主任的想到了我的那六十多个小淘气儿。初中三年弹指一挥转瞬即逝，在这三年里，我不敢说我的班里没有孩子混账，但我敢说，他们不需要像我同学的孩子那样，在内心深处被老师认同。然而，这句话如果通过家长的嘴巴不断回响在孩子的耳边，效果一定会比我与他们面对面交流好得多，原因很简单：孩子与老师之间无论关系多么亲密，感情多么浓厚，也会有一定的距离，而孩子与自己的爸爸妈妈之间，其亲密度会更高，因而，当爸爸妈妈向孩子转述老师话的时候，孩子的信任程度会高得多，这当然是亲情在起作用。那么，何不利用这种亲情，让孩子心中充满一种向好向善向美的欲望，从而在这种内驱力的催动下更加完美地塑造自己的形象呢？

　　因而，便有了那天家长会上最后的交代。

　　"老师，你还没吃饭吧？谢谢你了。我以后会经常跟儿子说那句话的，我估计他不可能考上高中，但是，我不想让儿子像街头的小混混一样过日子。"那位家长的鼻音听起来不再那么讨厌。我在电话这端莞尔一笑说："你儿子上初中快三年啦，我们之间一直没有好好交流过，以前我对你这个当家长的很有看法，以为你并不关心自己的儿子。现在，我的看法改变啦，您在我心目中的形象变得很美很高大了，因为您已经懂得怎样心疼自己的儿子。顺便请您转告孩子，老师希望他过一个健康、快乐、充实的寒假。"

　　"嗯嗯嗯，我会一字不落地转告我儿子的。谢谢您了老师，祝您春节快乐吧。"

我很吃惊地发现，这位家长嘴巴中的"你"变成了"您"！而且还使用了好几次"谢谢"！我的心中自豪之气泛滥开来，禁不住眉飞色舞心花怒放。

"老妈，跟谁打电话呢？这么手舞足蹈的！"这时候，女儿从她的房间里走出来，用异样的眼神望着眉开眼笑的我，神情颇为滑稽。

挂掉那位始终没有称呼我"代老师"的家长的电话，我摊开双手冲着女儿眨巴着眼睛说："嗯嗯嗯嗯，刚才是你数学老师给我打的电话，她跟我谈了上学期你在数学课上的良好表现，并让我转告你：你在她心目中的形象太好啦，她希望你下个学期依然保持这种良好的形象，并期待你这个寒假过得充实、快乐、健康！"

女儿惊奇地望着我，用不相信的语气说："她真是这么说的？我们数学老师很少夸奖我的呀！"

我赶紧拆墙补墙，一本正经地说："老妈还会骗你吗？你数学老师之所以不当众夸你，是怕你翘尾巴呢，其实她心里特别器重你，这不，专门打电话让我转达她的意思呢。"看女儿一脸的沉思，我又赶紧继续下药，"闺女呀，这个世界上你可以怀疑别的任何人，可总有一个人是你必须信任的，那就是本人，你亲爱的老妈妈！"

女儿脸上的沉思消失了，取而代之的是灿烂的阳光。她有些不好意思地挠了挠脑袋，走去找出数学作业对我说："老妈，数学老师说，每天做完了家庭作业要家长帮忙对对答案，检查一下对错的，你这会儿有空吗？帮我对对答案吧。"

我赶紧接过女儿的数学作业，并得意扬扬地扬声大喊："老公，厨房的卫生就交给您啦。"

这是放寒假以来，女儿第一次主动要求我跟她对数学作业答案。

给孩子一个台阶下

　　新生入校没多久，就赶上了体育节，孩子们那叫一个兴奋啊，我刚宣布完毕体育节日程安排，教室里立刻炸了窝。

　　"老师，可以带手机吗？""老师，学校里有 WLAN 吗？可以带平板吧？""老师，可以带零食饮料吗？"……孩子们的叫闹声响成一片，搞得我脑袋瞬间变大。

　　站在讲台上，俯视那帮猴崽子一样片刻不得安宁的捣蛋鬼们，我静默、再静默。

　　五分钟过去了，教室里没有出现安静下来的迹象，看来我这招"此时无声胜有声"是不管用了，只得拿起黑板擦用力在讲桌上敲了几下，同时声嘶力竭地大吼一声："安静！"

　　这嗓子可谓石破天惊声震屋瓦，那帮猴崽子像被孙悟空施了定身法，有的定格在龇牙咧嘴的状态，有的锁定在抓耳挠腮的情形，有的双眼圆睁眉毛飞到额头上，有的闭目遐想似乎闻到了零食诱人的香味……不一而足形态各异。教室里出现了短暂的宁静，套用一句小学生写作文的话说：静得一根针掉到地上都能听到声音。

　　我不由得心花怒放——看来任课老师们总结得很到位，对于新入初中的孩子们，和风细雨是不起作用的，要想镇住他们，基本靠一个字：吼！

　　趁着孩子们没醒过神来的当儿，我赶紧说："本次体育节学校已经明文要求：不得带手机、MP3、平板电脑、游戏机、零食饮料等与学习无关的东西，如若违反校纪校规，后果由家长承担！"

我的一长串"不得……"一经宣布，教室里一片嘘声，猴崽子们像被放了气的皮球，一下子瘫软了。看到他们那种霜打了的茄子似的表情，再回想一下刚才生龙活虎的场面，我忍不住有些心软。也是，好不容易有个可以放松的机会，却又不能让他们可着自己的心意去放飞紧张了两个多月的心情，这貌似有些可恶甚至可恨，可是，学校领导已经三令五申过，铁的纪律又怎敢违反？只能硬起心肠黑着脸继续扮演老巫婆的角色。

尽管被禁止带这个那个的体育节已经在孩子们心目中大打折扣，可是，相对于冗长枯燥的上课来说，体育节对于孩子们来说，还是像久旱逢甘霖，大家依然翘首以待。

终于，孩子们上初中以来的第一个体育节伴随着瑟瑟秋风来临了。那天下午，我早早地来到教室组织他们按秩序进入操场。因为担心有的孩子借体育节这个机会偷偷溜出去玩耍，我特地挨个儿点了名。当点到顽皮蛋阿兆的时候，所有的同学都扭过头去望着阿兆空空如也的座位。

阿兆居然没来！我抬手看看表，已经快到集合时间了，这个入校以来就错误不断的阿兆，居然还没有到校！是还没有赶过来还是另有隐情？我的心里隐隐有些不安。然而时间不等人，其他班的孩子已经人仰马翻地往操场走了，我只好暂时先把阿兆的事情放下，组织孩子们列队赶往操场。

在指定的位置安顿好孩子们之后，我摸出手机给阿兆的母亲打电话，可是，手机里却传出令人惊讶的消息：您拨打的手机已停机！难道阿兆记错了他母亲的手机号码？还是他故意给了我一个错误的手机号码？心头的不安在加重。

开幕式开始了，鼓乐队在音乐老师的指挥下朝气蓬勃地进入场地，各班的运动员代表队高举着牌子鱼贯跟在后边，花束队、花环队、健美操表演、瑜伽兴趣小组表演……操场上锣鼓喧天热闹异常。可是我却无心观看，眼睛紧紧盯着学校大门口。

开幕式结束了，震耳欲聋的喧闹消失了，裁判长宣布体育节正式开始，各位有项目的运动员呼朋引伴摩拳擦掌赶往比赛场地。

阿兆还没有来，我的心揪得更紧了。正六神无主的时候，一个眼尖的男孩突然大声喊道："老师快看！阿兆来啦！"

循着那个男孩的声音望过去，只见阿兆穿着一件大红的运动衫，正脚步踉跄地往这边跑过来。他本来就是个比较胖的孩子，个头又矮小，看上去像有一只红色的皮球在向这边滚动。

心中一块石头落地，看到阿兆那种滑稽的样子，我忍不住笑了。

阿兆连滚带爬地跑过来，脸上的汗水小溪一样顺着两颊流淌下来。可是他却顾不得去擦一把，因为他的双手正紧紧地捂着小腹部，表情看上去像是很痛苦的样子。

难道这孩子生病了？我走过去，本想摸摸阿兆的额头，可是，他却像看到了鬼一样，脸色立刻变得很狰狞可怖，不管不顾地一屁股瘫坐在地上（他来晚了，凳子没有带下来），嘴巴里嘟嘟囔囔地解释着："老师，我妈上午做饭做晚了，所以我才迟到了，我没干坏事，真的，我真的没干坏事！"

看到阿兆紧张的样子，我开始自责：都是因为平时对孩子们太严格了，所以阿兆迟到了才会吓得像被抓了现行的小偷一样啊！

正在暗暗责备自己呢，身边一位女同学却悄悄拉了拉我的衣袖，小声道："老师，您看看阿兆的肚子，怎么比平时大了好多呢？"

女同学的提醒引起了我的警觉，从他紧张的表情和异样的行为上，我也看出了端倪。思忖片刻我走过去，笑眯眯地望着满脸惊慌的阿兆，然后，出其不意地伸手将他的运动衫拉链拉开。

只听"哗啦"一声，阿兆的"肚子"里"淌"出来一大堆花花绿绿包装精美的零食！

"哈哈，阿兆你差不多要把门口的小卖部给搬到操场上来啦！"

不知是谁喊了一嗓子，同学们立刻哄堂大笑起来。

"阿兆你又犯错误啦！老师不是说不让带零食的吗？你胆儿可真肥啊！"

"阿兆你真倒霉，被老班直接抓住，这回你死定啦！"

孩子们欢呼雀跃，有的表示同情，有的幸灾乐祸，有的捂着嘴巴窃笑……

在同学们的哄笑声中，阿兆的脸色红了又青，青了又白，白了又黄，汗水流淌得更欢了。

嘿，这小玩意儿，居然跟我玩起了这样的猫儿腻！他之所以迟到，哪里是因为妈妈做晚了饭呢！分明是他为去采购零食而撒的谎话！

又想起阿兆妈妈那个已经关机的手机号码，我的火气腾地就上来了。可是，众目睽睽之下，我难道一股脑儿将那堆零食扔进垃圾桶吗？还是气急败坏地将阿兆拎小鸡一样拎起来扔到沙坑里去？看看阿兆土色的脸庞，我灵机一动，于是压住火气，故作轻松地说："阿兆，谢谢你呀，咱班的运动员为班级荣誉努力拼搏着，我正想着怎么奖励他们呢，谁知道你比老师想得更周到，连奖品都替老师买来啦？我代表咱班全体运动员同学谢谢你啦！"

我一边说，一边走过去，拎起那包零食冲着愕然的同学们举了举，示意体育委员拿去送给参加比赛的运动员。体育委员是个十分机灵的小姑娘，马上就领会了我的意思，笑嘻嘻地走过去，冲着表情复杂的阿兆一摆手，脆生生地也来了句："谢谢阿兆同学，你是咱班最具奉献精神的同学哟。"说着莞尔一笑，拎上那包零食飞也似的向赛场跑去。

阿兆坐在地上，表情复杂地变换着，最后尴尬地笑了笑，爬起身来拍拍屁股上的泥土，右手食指、中指掩饰般做了个"V"的动作，一摇三摆地去教室搬凳子去了。

体育节结束之后，我将阿兆叫到办公室，不动声色地望了他好一会儿，然后出其不意地将他母亲的手机号码举到他的面前。

"为什么要给我一个假的家长联系方式？说吧。"

从入学以来，这个阿兆大错不犯小错不断，天天给班里惹麻烦，不是别班的班主任找我告状，就是本班的同学找我诉苦，每次班里出点事儿，都有阿兆的份儿，他简直就成了我班的"扫把星"，搞得我在同事和孩子们面前非常被动。本来我想着要找他爸爸、妈妈交流一下他的事情的，可是，想到这孩子虽然不断犯错误，可都是些鸡毛蒜皮的小事情，宽容一些也就过去了，因而一直没有跟他家长联系——现在看来，其实我想联系也联系不上，因为他一开始就给了我一个假的联系方式！换句话说，这个阿兆从一入学就已经做好了跟老师对抗的准备了，由此可以推想，他在小学的时候，估计就是个让老师头疼的家伙。

像阿兆这样的"老油条"，我不是没有见过，因而，谈话之前，我已经做好了"持久战"的准备。我咬着牙告诉自己：如果攻不破阿兆这座"堡垒"，我就辞掉班主任工作。

阿兆愣了片刻，无奈地低下脑袋，小声嘟囔着说："老师，我还是跟您说实话吧，我小学的班主任总是打电话向我妈妈告我的小状，我妈妈一接到老师的电话，一定会没头没脑地训斥我一顿，我是怕您也向我妈妈告我的小状，所以才胡诌了一个手机号码给您的。老师，对不起，我以后再也不会撒谎糊弄您了，请您原谅我这一次成吗？"阿兆说完，双手不安地在裤缝上揉搓着。

经验告诉我，像阿兆这种"千锤百炼"过的学生，一定会百般找借口推脱这件事的，没想到他立刻就承认了错误，事先准备好的所有计策全都没了用武之地，这倒是让我一下子有些手足无措了。看着他那张稚气未脱的小圆脸，我积攒了好久的火气蓦然间就消散了，毕竟，他还是个只有十三岁的孩子啊。

"老师，体育节那天的事，您给了我一个改正错误的机会，不但没有让我在同学们面前丢脸，还让我感受到了做好事的快乐，谢谢您给我一个台阶下，我以后一定遵守校纪、校规，不信的话，您等着看我的行动吧！"见我一直默不作声，阿兆抬起头，眼巴巴地望着我又说。

没想到那天突然的心血来潮，居然会化拙为巧收到这样意外的效果！心里忽然间涌上一股热流，鼻子发酸眼睛发涩，我差一点在阿兆面前失去常态。我用力忍了忍，走过去摸了摸阿兆的脑袋，说："阿兆，老师相信你！"

富兰克林少年时十分狂傲，凡是与他意见不同的人，都要遭到他的侮辱。后来，他及时改变了乖僻、好辩的性格，不再给人难堪，而是坦然接受反驳他的所有正确言论。在与人交谈时，他也和气了许多。这种转变，使他结交了很多朋友，最终成为易于掌握公众言论的政治家。

其实，每个人都有强烈的自尊心和虚荣心，即便是像阿兆那样所谓的"待优生",一样有着做人的尊严，也会注意自己形象的塑造。给他一个台阶下，也就给他保留了一份做人的尊严。

给孩子一个台阶，往往是拥有信任的开始，也是自己成功的开始。

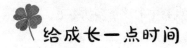

给成长一点时间

　　不知道从什么时候开始，腊月二十三被称之为"小年"，这一天，我们一大家子人都是要回老家跟父母一起吃顿饭的，所以那天下午，我早早地收拾好了带回老家的东西，准备回老家"过小年"。可是，我们正准备出发的时候，手机不合时宜地响了起来，打开一看，是班里一个叫文文的同学的妈妈。

　　快三年了，文文妈妈不知道给我打了多少次电话，每次一按下接听键，首先听到的就是她压抑的哭泣声，接下来，必定是对她儿子声泪俱下的"控诉"，搞得我一看到她的电话就浑身起鸡皮疙瘩。

　　然而这一次，文文妈妈没有哭，一开口就听得出来，她此时的情绪非常好。果然，她在电话那端喜气洋洋地说："代老师，我儿子昨天把成绩单带回家啦，七门课程他居然考了六百多分！这真是太让我惊讶啦！我怎么也没想到，这孩子还能有今天！孩子跟着您都快三年了，没少给您添麻烦，可是我们当家长的却从来没有去您那儿坐坐，表示一下感谢。您今天有空吗？过年啦，我给您买了一盆鲜花，想去找您聊聊，好好表示一下对您的谢意！"

　　我赶紧打断她的话说，我今天要回老家跟老人们一起过"小年"呢，感谢的话就不要说了，只要孩子能向好的方面发展，就是我们当老师的最大的安慰了。

　　文文妈妈听说我要回老家过"小年"，语气里满是遗憾，一而再再而三地表示，等孩子中考完毕，她一定要设宴表示感谢。我模棱两可地打了个哈哈，把电话挂掉了。谢师宴我是绝对不会参加的，当了这么多年班主任，从我手里毕业考入重点高中的孩子多如牛毛，想搞谢师宴的家长也不计其数，可是我从没参加过一次。我一直以为，对老师最好的感谢，就是配合老师把孩子教育好，让孩子有个良好的学习习惯和行为习惯，为将来的发展奠定良好的基础，这岂是一盆鲜花或者一顿谢师宴能够包含的呢？

坐车回家的路上，我的脑海里一幕幕浮现出近三年来跟文文斗智斗勇的事情，禁不住心潮澎湃。

文文是班里一个非常懒惰而又油滑的男孩，初一入校没多久我就发现，老师布置的作业，他总是减半完成，而且还无法保证质量。对此，我曾经找他交流过多次，但效果并不理想。有一次跟他说起写作业的事情，他竟然振振有词地把钱锺书抬了出来。他说，他看过一个关于钱锺书的小故事，说是钱先生活着的时候，很多朋友、学生向他借钱，面对伸向他的众多白手，钱先生不借心里过意不去，借呢又没那么多钱，于是他就采取了折中的办法：无论谁跟他借钱，他总是减半借给人家，比如人家借一千，他就给五百。之后，人家是否还钱他也不再过问，以至于老先生去世之后，有好多曾经得到他帮助的人良心发现，跑去向他的夫人杨绛女士还钱，而杨绛却不知道事情究竟是怎么回事。

他给我讲完这个小故事之后，特别真诚地望着我又说："老师，我给您讲这个故事的意思您明白了吧？不是我不想写完那些作业，实在是老师们布置得太多了，就像跟钱锺书借钱的人太多了一样。我就那点课余时间，总还要吃饭睡觉吧？总得留出点时间休息休息吧？您常说，健康是第一位的，所以，总还得余出点时间运动运动吧？

我爷爷奶奶、姥姥姥爷年纪大了，您不是也常跟我们说，孝敬老人要趁早嘛，所以，我还得腾出点儿空子去看望一下四位老人啊。还有，我爸爸妈妈在市场上做小本生意，天天忙得焦头烂额的，家里的卫生根本就顾不上清理，我总不能看着家里脏得像猪窝一样不管呀。加上我本来写字就慢，而且脑子又笨，我怎么可能写得完那么多作业呢？这事其实不怪我的，真的老师。"

　　他掰着指头条分缕析，理由多得像天上的星星。他的表情异常诚恳，搞得我恍惚之间对他充满了同情，以为自己冤屈了他。这样的交流过几次之后，我突然发现自己上了他的当，每次都是被他这理由那理由牵着鼻子走，弄到最后，好像错了的不是他，而是布置作业的老师们。

　　正面交锋过几次之后，我心甘情愿地败下阵来——他的理由太多了，太充分了，充分到你由不得不同情他，由不得不原谅他一次又一次写不完作业。一个学期很快过去了，文文依然我行我素，没有任何的改变。我有些灰心了，我想，对于这个懒惰得比猪八戒还可恶、油滑得像泥鳅一样的男孩子，我就算绞尽脑汁也想不出教育他的法子来了。我决定不再管他，让他沉浸在他的无数条不写作业的理由中自得其乐算了。

　　可是，新学期开始没过几天，他的母亲便哭着给我打电话，说她儿子简直没办法管了，你让他写作业，他就说要帮家长干家务，你让他干家务，他又说要去看望爷爷奶奶，你让他去看望爷爷奶奶，他又说得去跑步呀，中考体育占六十分呢，你让他赶紧去跑步，他又说，还有那么多作业没写呢，要写作业呀，没时间呀……家长要是多唠叨两句，他把书本一丢，干脆趴到电脑上玩游戏去了，你把家里的网线拔掉了，他就找出家长废弃的旧手机，拿到修理店里修理修理，凑合着用手机玩，你要是跟他动点硬的，他就哭着跟家长说：你们还指望我长大了养你们的老呀？你们现在逼着我这样那样，都快把我逼死了，将来还指望我养你们老吗？

"代老师，你说我该怎么办呢？我真是从心里不想要这个孩子了，如果谁家稀罕的话，我把他送给人家算了，他太难缠了，我……"他的母亲说着说着又哭出声来。

文文母亲的哭诉让我怒气冲天之余，也引发了我的好胜心，从教二十多年了，什么样难剔的刺儿头我都见过，但是，像文文这种牵着不走打着倒退冥顽不灵的小东西，我还是第一次见到。我倒是要跟他较较劲看看，到底谁笑在最后。

此后我就格外地留心文文的一举一动一言一行。经过一个多月的观察，我发现这小子虽然懒惰加油滑，可他有一样好处，就是人缘非常好，班里的孩子们都非常喜欢他，原意跟他交往。我留意了他的这一优点之后，并没有急着去找机会表扬他，而是拖延着时间找时机整治他。因为对于有些孩子来说，带有讨好性的表扬在他那里得到的只能嗤之以鼻，换言之，他已经千锤百炼刀枪不入练成了"金刚不坏之身"了，表扬也好批评也罢，对他来说仅仅只是"毛毛雨"而已，根本不起作用的。

终于，整治他的机会来了。

每年的五月份，学校都要发展一批新团员，而我们班的团员选拔都是同学们投票产生的，我从来不加干涉。这一次新团员发展，我仍然采取了这个办法。

那天下午第四节课，班长将同学们的投票收集起来，按部就班地找了几个同学唱票，几个同学在黑板上计票。乱哄哄鼓捣了半节课，投票结果出来了。我一看，文文的票数居然排在第一位上！看来他的人缘的确不错。我眯起眼睛望着坐在位置上摇头晃脑得意扬扬的文文，出其不意地宣布了一条新的规定：本次新团员发展，同学们的投票占三分之一的分值，另外的三分之二由所有的任课教师和家长分别量分！我的新规定刚宣布完毕，文文猛地站了起来，大声嚷道："这不公平呀老师，上一次发展团员就是同学们投的票呢，怎么这次要加上任课老师和家长量分了？"

我忍着心里的笑意，以其人之道还治其人之身道："我也觉得这不公平呀，可是最近学校里成立了班级教学管理共同体，规定所有的任课老师都要参加班级管理呢，而且我们学校还成立了家校管理共同体，家长也要参与班级管理呀，发展新团员这么重要的大事，怎么可以不让任课老师和家长参与呢？哎呀，你是不是觉得任课老师和家长会不认可你呀文文？不过，我觉得貌似没什么问题呀，就算你平时不写作业让任课老师生气，可是你的父母总不会阻碍你入团吧？如果你的父母觉得你够一个团员的资格了，即便任课老师不同意，你仍然可以得到三分之二的分值，被评为新团员还是有希望的嘛！"

我一边说，一边瞟着文文的脸色，我看到他的脸色开始通红，后来就变得灰黄了。

那天下午，我给文文的母亲打了电话，将发展团员的事情跟她做了交流，最后我们达成一致意见：本次团员发展，暂时不给文文机会！

就这样，文文盼星星盼月亮期待已久的新团员中没了他的名字。新团员入团仪式举行的那天，我发现文文整天都心神不宁神思恍惚。

这件事过去之后，文文的作业开始写得认真些了，但是，除了语数外三科作业之外，其他科目的作业仍然不做，小组长检查政史地生的背诵情况中，他的大名仍然被写在"没有背过"一栏里。看到这种情况，我决定再给他下一剂猛药。

新的学期又开始了，我宣布了新的学习小组奖励办法：如果本组内有一位同学作业完不成一次，扣该组成员每人量化分五分。接着，我又调整了小组组合办法：组长由老师指定，组员则由组长自行选择，当然，这得事先将所有的同学按照 ABC 分出类别，每个小组每类同学中只准选择一个。标准制定出来之后，我旁敲侧击地对那些组长说："这次的奖惩机制向着作业的完成情况倾斜了不少，你们选择组员的时候，可不能只重感情哟。"那些小组长都是非常聪明机灵的孩子，他们当然明白我话中的意思。

结果，文文被这种"优化组合"的方式拒之门外，没有一个组长愿意要他入组！

那天下午，文文找到我哭了，这是我第一次看到他流泪。我安静地看着他抽抽搭搭地哭泣，等他哭得差不多了之后，我问他："你有没有分析一下，那些组长为什么都不愿意要你呢？"

"这还用问吗？他们都怕我写不完作业受拖累呗！"文文说着，泪水又流淌下来。

"这不结了？不就是写作业嘛，大家都能保质保量地完成，你站起来不比别人矮，躺下不比别人短，为什么就写不完作业呢？我给你两周时间，如果这两周之内你能按时完成作业，我保证组长们抢着要你入组！"

那两周，是我频繁跟文文碰面的两周，文文每天的作业都要先交给我检查。开始两天，他的作业写得特别潦草马虎，我提醒了他之后，他的字迹有了很大的改变。后来，他妈妈打电话告诉我说，文文那些天每天写作业都要写到夜里十点甚至十一点。

两周过去之后，文文不愿意写作业的毛病基本得到了纠正，他也顺利地被组长组合入组了。

这之后，我只要抓住机会就表扬文文，尤其是他的好人缘。我还承诺，只要文文能坚持下去，下一批团员中一定会有他的名字！

文文整个儿变了样，上课不再歪坐着，下了课也不再跟同学疯闹。任课老师们一致反应，文文有了巨大的变化！学期结束的时候，文文的成绩突飞猛进，由班里的"待优生"赶到了中游水平。我跟他说，继续这样努力下去，考个重点高中根本没有问题！

进入初二下学期之后，文文更加努力了。新一轮团员发展的时候，我跟同学们提议：这一次投票文文除外，因为他的表现已经证明，他可以作为一名合格的团员直接入团了！对于我这个决定，同学们报以热烈的掌声。

那一天，文文又哭了，文文的妈妈给我打电话的时候也哭了。

车子行驶在回老家的路上，窗外闪过一片疏枝横斜的树林，几棵小树因为台风的缘故倾斜了身子，长得很不像样子。有个老头伛偻着腰身，举着一把砍刀吭吭哧哧地砍伐着那些小树——这些小树大概难逃被当作木柴烧火的命运了。可是，如果用沙袋在它们的根部扶植一下，或者用木棒支撑一下它们弯斜的身子，它们其实还是有机会长成参天大树为栋为梁的。只是，这需要时间。

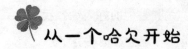

从一个哈欠开始

　　清晨的校园，满目是孩子们雀跃的身影，他们呼朋引伴，拎着笤帚、簸箕在卫生区里挥洒着汗水，收获着干净和整洁，也播种着勤劳和好习惯。操场上晨起散步的老人们一边蹒跚地摇摆着步子，一边欣赏地望向那些龙腾虎跃的少年——曾经，他们也是这么成长来着呢。

　　背着电脑拎着包，行走在去教室的路上，看着眼前生机勃勃的景象，忍不住心中就涌起一股感动。人生的意义，或许并不是为富为豪当官做宰，成为别人眼中艳羡的对象，而只是眼前这种宁静中蕴含着的生命传递吧？

　　正暗自感慨，一个稚气的声音忽然在耳畔响起："老师好！"举目望去，班里一个叫洋洋的男孩，背着硕大的书包，像一只负重的小乌龟一样向我走来。

　　"早上好洋洋！"我赶紧微笑着还礼。洋洋腼腆地笑了笑，擦过我的身边，迅速向教室跑去。

　　教室里已经有好多同学在读书了，琅琅的读书声让我想起那副著名的对联：国事家事天下事事事关心，风声雨声读书声声声入耳。的确，每天清晨，聆听孩子们天籁一般的"童声大合唱"，是我一天中好心情的开始，看到一张张花儿似的稚嫩面孔，我的日益被生活磨起茧子的心便柔软起来，这些可爱的孩子，他们不仅仅是一个家庭的希望，更是一个国家的希望和未来，他们的肩上，承载的不仅仅是个人的命运，更是国家和社会的命运呢。每每想到这些，我总感觉有一种紧迫感，一种使命感催逼着我，让我懈怠的神经再次绷紧。

　　徜徉在狭窄逼仄的走道中间，我一边踱步一边倾听着孩子们清脆的读书声。刚刚学过了范仲淹的《岳阳楼记》，好多孩子都在忙着背诵课文：居庙堂之高则忧其民，处江湖之远则忧其君……先天下之忧而忧，后天下之乐而乐……蓦然间，我看到洋洋一边翻书，一边捂住嘴巴打了个大大的哈欠，脸上满是疲惫的倦容。疑团似云雾掩上心头：这孩子昨晚没有睡好吗？是不是作业太多没能及时休息的缘故？这时候，洋洋以手支额，又是一连串的哈欠，眼角似乎有泪花渗了出来。看来这孩子的确没有休息好呢。联想到洋洋以前比较喜欢读大部头的内容乌七八糟的小说，而且读得入迷，不管上课下课，看起来就忘了一切，导致学习成绩直线下降，后来经过反复地做思想工作，他的这一行为有所改进，但还是偶尔会去无良的小摊贩那里购买内容不健康的小说看。难道他昨天晚上又是因为看那些乱七八糟的小说而没有休息好？

　　想着，我走出教室，摸出手机给洋洋爸爸打了个电话。然而，洋洋爸爸告诉我，昨天晚上，洋洋很早就做完作业去楼上自己房间休息了，洋洋爸爸还说，他夜里十一点多忙完店里的事情去儿子房间查看的时候，洋洋睡得很香呢。

　　这就怪了，既然晚上没有熬夜，为什么清早起来就哈欠连天呢？这不符合常规啊。我一边凝眉沉思，一边重新回到教室，再看洋洋，此时已经趴伏在课桌上，整个人显得异常没有精神。我决定悄悄向同学们调查一番，将此事的真实原因搞搞清楚。

下午第四节自习课，我把平时跟洋洋比较要好的同学小杰叫到办公室，小杰平时比较调皮，以为自己又犯了什么错误，因而一进办公室就低垂下脑袋，一副等着挨批的沮丧样子。看到他那副表情，我不由得笑了。我让小杰在另外一张椅子上坐下来，他有些受宠若惊的样子，但还是小心翼翼地坐下了。

"小杰，你们最近上思品课学的什么内容啊？能不能给我说一说？"我微笑地望着忐忑不安的小杰，出其不意地问他。他似乎有些惊讶，抬起头不解地望着我。大约是看到我脸上的笑容挺真诚的，不像隐藏着某种阴谋，他的身体明显松弛了些，调整了一下坐姿说，思品课这周学的是关于友谊和兴趣的事情。然后他打开了话匣子，滔滔不绝地给我讲了什么是高雅的兴趣，什么是低俗的兴趣。我饶有兴趣地听着，还不时地微笑着点头鼓励他。得到鼓励的小杰讲得更起劲了，又讲到了友谊，他说思品课上老师说了，真正的友谊不能袒护朋友身上的缺点，而是要帮助朋友改正缺点完善自我……

"你理解得非常好！"我猛地站起来，伸出大拇指冲着小杰大声说道。小杰愣怔了片刻，挠着后脑勺笑了。

"你跟洋洋是好朋友对吗？你觉得他身上有没有缺点啊？"我盯着小杰，突然将问题抛了出来。

"有啊老师！他以前喜欢看那些打打杀杀的小说，我说过他几次，他后来就不看了。"

看来，小杰还是比较坦诚的。我点了点头，赞许地冲他笑了笑说："嗯，你做得很对，你对洋洋的友谊是真诚的，这很好，洋洋有你这样的朋友，应该很骄傲的！不过，老师还想问你一个问题，洋洋最近这些日子还有看那些打打杀杀的小说吗？"

小杰抬起头，有些警惕地看了看我，良久，摇了摇脑袋。

看到小杰这个样子，我缓缓在椅子上坐下来，失望地叹息道："我原本还以为，你和洋洋之间是真正的友谊，就像你们思品课上学习的那样，你会帮助他克服掉缺点，让他更完美一些，可是我看错了，原来你和洋洋只不过是逢场作戏而已，你们之间哪里是真正的友谊呢？好了，你可以走了。"我说着，站起身，做了个"请便"的手势，然后扭过头去望着窗外不再说话。

小杰站起身，磨蹭着向门口挪去。我的心，随着他缓慢凝重的脚步变得越来越沉重了。看来从小杰这儿是得不到有效的信息了。然而，小杰走到门口的时候却突然停了下来，他回过头来眼巴巴地望着我，吞吞吐吐地说："老师，我……我要是给您说了……说了实话，算不算出卖朋友呢？我……"

"当然不算！不但不算出卖朋友，而且还是在帮助朋友！"我沉重的心忽而轻松起来，一边走过去将他拉回来，一边斩钉截铁地说。

"那，我就给您说实话吧老师。"小杰受到了我的表扬，语气坚定了许多，"洋洋他最近又从小书摊上买了六七本那种小说，他怕被您或他爸爸、妈妈发现了，就寄存在学校门外的小卖部里，每天放学后都要去那里看老半天，回家晚了就找各种各样的借口哄骗他父母。我劝过他几次，可是他不听，我也没有办法了。"

哦，事情果然不出我所料，洋洋的确又开始看那些不健康的书籍了！我又表扬了小杰一番，叮嘱他不要把这事告诉洋洋，小杰舌头一伸，调皮地说："我还怕您把我跟您说他看小说这事告诉他呢，老师，您还是替我保密吧，否则，洋洋要是告诉同学们，说我向您告了密，同学们谁还敢跟我做朋友啊？没人跟我做朋友，我不是就惨了嘛！"

送走了小杰，我赶紧给洋洋爸爸打了电话，让他去学校门外的小卖部找找老板，把洋洋寄存在那里的书弄走。洋洋爸爸一听就急了，立刻驱车去了那家小卖部，老板见家长出面了，很是尴尬，不但交出了洋洋寄存在他那里的七本内容污浊不堪的小说，而且保证以后也绝不允许洋洋在他店里寄存小说了。

那之后很长一段时间，洋洋早读的时候不再哈欠连天了，学习成绩也有了很大的进步。

然而，新的学期开始之后没多久，洋洋早读打哈欠的毛病又犯了，成绩也开始下滑。我只得又跟他爸爸电话联系。据洋洋爸爸说，现在洋洋上学、放学基本上由他接送，就算孩子还放不下那些乱七八糟的东西，可是也没有时间啊，偶尔几次大人没时间接送，洋洋也都是准点回家，而且每次回家都主动将书包交给爸爸，让他检查里边是否放了不允许看的书籍。洋洋爸爸还说，这些日子洋洋表现非常好，晚上早早地就写完作业上床休息了。他夜里十一点多去儿子房间检查的时候，都发现孩子睡得很香甜很安稳……

听着洋洋爸爸焦躁的声音，我的脑海里也是一团迷惑。难道孩子哈欠连天是由别的原因造成的？可是直觉告诉我，洋洋清早打哈欠一定还与他以前的毛病有关！想到这些，我告诉洋洋爸爸，让他辛苦一些，夜里一点多再去洋洋房间检查一下看看有没有异样。

第二天早晨我刚起床，还没来得及洗漱呢，洋洋爸爸的电话就打过来了，他说，他按照我说的，夜里一点多去儿子房间检查，发现儿子居然躲在被子里，打着手电筒在看那些内容脏乱的小说！他一气之下将儿子的房间翻了个底朝天，结果翻出了三只微型手电筒，五大本内容污糟的小说！

"代老师，我都快被他气死了！您知道他是怎么把那些小说带回家藏起来的吗？"洋洋爸爸气急败坏声音嘶哑地说，"我实在是被他给气急了，找了根棍子要揍他，他才跟我说了实话，那些小说，都是他用腰带捆在腰里带回家的！难怪他总是让我们检查他的书包，还装出一副清白无辜的样子！敢情他把书捆在腰里呀！这样的法子他都能想得出来！您说，现在的孩子怎么这么难管理呢？人领着不走鬼领着突突跑！这些小伎俩咱们做大人的谁能想得到啊？他每天晚上马虎潦草地写完作业就上床，等十一点以后我们休息了他就爬起来躲在被子里偷看，一直看到凌晨三点多，有时候干脆看到天亮！难怪您总说他一大早就哈欠连天不正常，可不是不正常怎么着……"

听着洋洋爸爸的叹息，我那颗一直悬着的心终于放了下来。看来，洋洋清晨的哈欠的确事出有因了，好在发现得及时，亡羊补牢为时不晚。

这件事情发生后，我跟洋洋做了一次长谈，并针对他喜欢看书这个特点，给他推荐了好多适合他看的书籍。之后的洋洋像变了个人一样，再也不是那种萎靡不振的样子，听课效率明显提高了，作业也写得认真了许多。期中考试很快到来了，洋洋的成绩一下子提高了好多，由"待优生"迅速转到班里中上游水平。

后来，班级日志轮到他写的时候，他将此事写了进去：我没有想到，班主任老师能够从一个哈欠开始注意到我的反常，并锲而不舍地帮助我克服掉了那个坏毛病，由此我也明白了，读书一定要读好书，不能读那种有毒的书籍，读那样的书不但对学习没有好处，还有损身心健康……

读着洋洋写的班级日志，我的心中也是感慨良多。作为一名班主任，光有责任心怕是不够的，细微之处见精神，要做好班主任工作，还要有足够的耐心和细心。

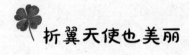

折翼天使也美丽

> 为什么我不能飞
>
> 我的翅膀附着厚厚的冰霜
>
> 只要我愿意
>
> 我随时会让它化为水滴
>
> 一点一点从我身上剥离
>
> ——题记

"看！肥猫！"

"哎呀，太像啦！难怪《肥猫寻亲记》那么火，原来生活中真有这种残障的人啊？！"

走在大街上，熙熙攘攘的人群中忽然传来尖锐的叫声。循着声音看过去，一个弯腰驼背的男子垂着脑袋，一拱一拱地往前走着。他走得很专注很刻苦，平坦的路面对他来说，仿佛变成了崎岖不平的大山。周围的嘈杂和喧嚣似乎与他没有任何关系，连那两个花枝招展的女孩的嘲笑也置若罔闻。

听着女孩的对话，我的心中蓦然间一紧："看！肥猫！"这句话像针一般刺痛了我的神经，我的思绪不由得被拉回到那个流火的九月下午。

新一级学生入学第一周，照例是军训。操场上整天都是"一二一"

的口号声，还有孩子们欢蹦乱跳如兔如猴的身影。

作为班主任，军训期间的一分一秒都要紧跟自己的班级，协同教官约束好本班的学生。

那天下午，天气格外炎热，太阳像故意跟这群顽皮的孩子作对似的，火辣辣地照射着冒烟的操场。我站在主席台前的阴凉下，盯着我那六十多个新学生，心里为他们捏着一把汗：不会有孩子禁不住太阳的考验晕倒吧？

"现在练习正步走，如果同学们认真练习，咱一会儿就去阴凉地儿休息，要是谁不遵守纪律，那就别怪我不客气！别人休息的时候，不遵守纪律的同学要站在太阳底下接受惩罚！"

教官发布了命令之后，就带着孩子们开始练习正步走了。

或许是害怕受罚，孩子们走得很认真，没有喧闹声，只听见沉重的步伐敲击着路面。我的心稍微轻松了一些。

然而，意外还是出现了，大家正走得起劲，一个男孩突然脚步踉跄了几下，骤然跌倒了。队伍瞬间出现了混乱，严肃的氛围被破坏了，孩子们开始闹腾。

"你！出列！"

教官气坏了，喝令队伍立定，右手指着那个男孩，满脸愤怒地叫道。

男孩爬起身，怯怯地走出队伍，在一边站好。

"立整！挺胸！抬头！没有我的命令不许归队！"教官的命令简洁而恐怖。

之后，教官带领其他的孩子继续练习正步走。大约又练习了十分钟左右，教官命令队伍解散去阴凉地儿休息。孩子们像得了赦令一般，刹那间作鸟兽散。教官也自去休息了。

操场上属于我班的那一小片区域内，只剩下那个跌倒的孩子孤零零地站在火热的阳光下，陪伴他的，只有短短的影子。

一分钟……三分钟……五分钟……十分钟……那孩子挺直的腰背开始垮塌，然而，他还是坚定地站在那儿。

有几个孩子去买了雪糕，一边吃一边谈笑风生地回来了。

"看！肥猫！"

一个孩子突然指着操场上阳光下那个受罚的孩子，笑容灿烂地嚷道。

一石激起千层浪，孩子们立刻像发现了新大陆一般兴奋起来，指点着那个受罚的孩子，叽叽喳喳的议论声此起彼伏。

肥猫！孩子们的议论让我想起郑则仕演绎的那个轻度智障的肥猫形象。一向不喜欢看电视剧的我，却以少有的毅力看完了《肥猫寻亲记》，而且不时被感动得泪流满面。那个因为童年的一场疾病，不幸变成了轻度弱智的孩子千辛万苦寻找兄弟姐妹的故事，让我对"亲情"二字有了全新的认识：一个人的智力可以有所缺失，但亲情绝不能缺失。

那个受罚的男孩，外貌长相的确跟肥猫非常相像，尽管入学才不到一周，可他迟钝的言语、笨拙的动作、木讷的表情告诉我，这个叫泓儿的孩子，应该是一个轻度智障者。后来跟他家长交流的时候确认，这孩子的确跟正常的孩子不太一样，他的智力发展水平比同龄孩子晚了许多。

"老师，您让泓儿到阴凉地儿休息一下吧，我跟他是小学同学，知道他的情况。他跌倒并不是故意捣乱，是因为他……"一个女孩走到我跟前，难过地跟我说。我挥手制止了女孩的话，尽管我已经判断出泓儿的情形不容乐观，可是我不想听到那两个残酷的字眼。

毕竟，这孩子跟其他孩子一样，也是一条鲜活的小生命啊。他像其他的小天使一样，挥动翅膀来到美丽的人间，可是，不幸的是，他的翅膀过早地折断了。然而，折翼的天使，难道就不可以享受美好吗？

我走到泓儿身边，掏出面巾纸替他擦掉满额的汗水，拉着他走到阴凉的地方。他用呆滞的目光望着我，迟缓地说道："我错了。谢谢老师！"

从此以后，泓儿成了班上最让我心痛的孩子：老师布置的作业，他根本没有办法按时完成，更不用说保质保量；体育课上，他尽管累得满头大汗，可还是跟不上大家的步伐；早读的时候，尽管他的声音比谁都大，可他一周都难得记住一首七言绝句；老师要求孩子们的成长记录册必须每周由家长签名，周一上交，可他几乎每周都要忘记；尽管他上课努力瞪大眼睛听课，可还是听天书一般茫然不知所措；考试的时候，尽管我一再叮咛他提高做题速度，可是，他没有一张试卷能够在规定的时间内做完……

期中考试结束后，照例要开家长会。那天，泓儿的母亲早早地就来到了教室，在他儿子的座位上默默地坐下来。家长们热火朝天地讨论着孩子们的成绩，你家的女儿怎样优秀，他家的儿子如何出众……只有泓儿的母亲，呆呆地坐在座位上，面容凄然。

这一切，都深深地刺痛着我的神经。作为一名教师，我同情她，作为一个母亲，我更理解她内心的伤痛。

那天，我一开始就将话题引到了泓儿的身上。面对六十四位家长，我说："期中考试刚刚结束，大家对孩子的学习非常关注，期待着孩子考出一个令你们满意的成绩。我非常理解你们的心情。但是，今天，我想我第一件要做的事，并不是向你们汇报孩子们的成绩，而是要跟你们谈谈我班一个成绩并不理想的孩子，他的名字叫泓儿。

泓儿妈妈，请您站起来，接受我——泓儿班主任最诚挚的祝贺，祝贺您培养了一个诚实、善良、明理、懂事的好孩子！跟孩子们一起生活半个学期了，泓儿是唯一一个每天放学都要跟老师毕恭毕敬说'再见'的孩子！虽然他的成绩不太理想，但是，他的行为却让我非常感动！我一向提倡先做人后做事，泓儿虽然做事无法与其他孩子相比，可他在做人上并没有输掉！我可以这么说，将来，孩子们长大成人的时候，或许有的成了学者，有的成了商贾，有的成了政治家，等等，他们的智商可以让他们在学业上如鱼得水，但是，未必就能使他们的生活也顺心畅意。一个人的生活质量，跟智商没有太大的关系，一个人的价值观、世界观，也与智商没有必然的联系。本·拉登的智商不可谓不高，全美国掘地三尺搜寻那个恐怖分子历时多年，可他带给人民的是什么呢？暴力与恐怖！所以，我一直认为，只有孩子们学会怎样做人，才可以使他们终身受益！泓儿在学业上的发展我不敢妄下断言，但是，在做人方面，泓儿妈妈，我可以肯定地告诉您及诸位家长：他将来一定会生活在满满的幸福之中！"

让我没有想到的是，我的一席话，竟然赢来了家长们经久不息的掌声！

那之后，我几乎每天都要在班里表扬泓儿，大到他捡了大额钱币上交，小到认真做值日，都是我表扬的内容。有了这样的引导，孩子们再也没有人叫泓儿"肥猫"，而且他们一直相处得很好。生活在一个温暖的大家庭之中，泓儿也变得开朗了许多、自信了许多，虽然成绩仍然不理想，但却一直呈上升趋势。进入初三之后，有几次测验，泓儿的成绩居然超过了那些智力发展良好的同学，这让我非常欣慰，也让同学们对泓儿刮目相看了。

初三下学期开始后，为了让孩子们能够对自己的行为有所反思，我在班里搞了个"向内看"的小活动，就是让孩子们隔一段时间就将自己的行为回顾一番：哪些事情做过之后自己很满意，哪些事情做完之后就后悔了；哪些事情自己认为不应该做等。六十四个孩子，六十四份答卷，只有泓儿写得最认真，从开学开始，哪天做了一件好事，心里很快乐；哪天起床时赖床了，感到很难过；哪天开始坚持跑步了；哪天跟哪位同学争吵了……字迹工工整整，写了满满一张纸的正反两面！

面对这个一直让我揪心的孩子，面对这个人生未开始就折断了翅膀的小天使，我很开心地想：谁说天使折翼很可悲呢？折翼天使一样很美丽！

然而，我的乐观虽然并不盲目，但还是为时太早了些。

那天早晨下了早读后，我看到泓儿垂着脑袋向厕所方向走去。我以为他要去方便，也没在意。可是，他走到楼梯拐角的地方却又折了回来，而且面容悲戚，似乎要哭的样子。搁往常，泓儿出现这种反常的举动，同学们早就跑来安慰他了，可是，临近毕业，大家都忙着埋头学习，为残酷的中考做准备，所以，泓儿这些日子备受大家忽略也就很正常了。

看到他那种痛苦的表情，我叫住了他。

"怎么了泓儿，好像有些不高兴啊？"我摸了摸他的脑袋说。

"没什么老师，没事的。"泓儿脑袋垂得更低了，声音有些哽咽。

"谁欺负你了是吗？告诉老师，老师会让他向你道歉的！"我拍拍他的肩膀又说。

"没有呢老师，真的，没有人欺负我。"泓儿抬起头，眼圈红红的，显然已经哭过了。

"哦？那是因为什么呢？你哭过了啊！"

"老师，我……"泓儿的脑袋又低俯下去，半晌嗓音哽咽地接着说，"今天早晨，我妹妹赖床，我叫她起来她不听，我就生气地自己去吃饭了。过后，我跟我妹妹说，要是你不听我的话，我今天中午就不回家了。可是，我父亲（他使用的就是'父亲'两个字）这时候吼我说，你不回来就不回来！最好以后都不用回来！老师，我父亲可能是不想要我了！"

泓儿说着，已经满面通红泣不成声，豆大的泪水一颗一颗落下来，很快就湿透了校服的前襟。

我的心忽然间异常沉重。我理解泓儿的父亲，整天面对这样一个不太健全的孩子，心里的烦恼可想而知。可是，无论怎么说，毕竟这不是泓儿的错误，他难道就希望自己跟别的孩子不一样吗？平心而论，泓儿已经竭尽全力去靠近正常的孩子了，他已经付出了他所有的努力啊！而且，就这件事来说，泓儿做得并没有错，可是他的父亲却以如此的方式打开了孩子的泪闸！

我深深地叹了口气，心痛地望着哭得上气不接下气的泓儿。片刻的沉默之后，我轻轻抚摩着他那一头乱七八糟的头发说："孩子，在这个世界上，有一种关系无论如何也割不断，那就是孩子和父母的关系。哪怕世上只剩下最后一个爱你的人，那一定就是你的父亲或者母亲。可是，父母疼爱孩子，不代表他们的世界就没有烦恼的事情发生。今天早晨，你父亲或许正好遇到了烦心的事情无法解决，所以才吼你，但是，他吼你并不等于他就不爱你了，如果他真的不想要你了，为什么还要把你养这么大呢？你能懂我的意思吗，泓儿？"

泓儿认真地听着，然后抬起头，用袖子擦了擦泪水，很严肃地说："老师，我明白了，我父亲一定是遇到烦心的事情了，我不怪他，他不会不要我的！"说着，那张泪水狼藉的脸上露出了开心的笑容。

"嗯，你一直都是个善良的好孩子，老师相信你能理解你父母的。去吧，快中考了，得加把劲儿呢。"

泓儿乖巧地回教室了。我木立在那里，心里像打翻了五味瓶，什么滋味都有了。

之后的好几天，泓儿一直都很兴奋，还买了同学录分发给每一位同学，希望美好的初中生活能够定格在那本记录册上。

五一小长假，我布置了一篇作文：以"疼痛"为话题，写一篇文章。昨天下午我打开邮箱的时候，突然发现一封标题为"老师，我把作文发给您了"的邮件，打开一看，却是泓儿的一篇作文，题目是《无人看到的伤痛》，全文如下：

无人看到的伤痛

原本希望通过发同学录能将同学之间的友情记录下来，却遭遇了一次又一次沉重的打击，不知道后面还有没有更沉重的打击在等着我……

这几天，大家都在发同学录。我也不例外，早就买下了一个同学录，在紧锣密鼓地准备着。

那个同学录，是我在众多花样各异的同学录中挑选到的。我很挑剔，价钱太高的不要，盒装太麻烦的不选，太女生气、太小孩气的只看一眼就决定不买。终于在一家小店里我找到了一个能满足我条件的同学录了。

这次发同学录时，我需要避免小学时犯的错误——由于长时间不想他们，已经把他们全都忘掉了，即使有毕业前发的集体合影照，但由于长时间不看，再来看时却因为常常认错而感到懊恼不已。为了避免小学时犯的错误，我用了将近两个星期的时间，每天晚上写完家庭作业，复习完毕时，我总会晚睡一会儿，去在同学录的背面写上一二句话，但大意都是请同学们送我一张照片给我留做纪念，以免像小学一样把同学都忘了。

两个星期后，我终于完成了六十四张同学录的"改造"，决定在一个让他们拥有充足的空闲去准备照片来送给我的时间，不知是老天祝我成功，还是命运的鼎力相助，我碰巧得到了一个绝好的时机——班主任要让我们每人填一张纪念册，并且要粘上照片，而且时间正好是与我选的时间一样——同为五一假期。我欣喜若狂，决定无论如何也要把握住这机会，绝不能丢！

就在放假的前一天——周三下午我开始了行动，中午午练时，我将我的同学录发给我周围的同学，最先交给我的是我的组长，我的情绪顿时大为跌落——他下了午练就把我的同学录交给了我（其实还没下午练他就把同学录交给了我）！他没有好好写我的同学录，同学录前面本应写的都没好好写！连留言也没有留下，更不用说照片了。不过我很快替他辩护：我今天得罪他了，这只能怪我自己，也有可能是我发同学录的时间太早了。当我看到有一名同学打算乱写我的同学录时，我急忙去补救——再三请求他送给我一张照片留给我做纪念，并再次确定了我发同学录的时间太早了。

我把行动时间稍作调整：于今天下午第三节课下课时行动。结果第四节自习课又有不下十个人交上了我发给他们的同学录，并且有一条留言使我大为恼火——"祝你早生贵子"，这是什么意思！我花了两个星期的努力得到回报竟是这些！他们是故意的吗？我顿时头晕目眩，一跌不起，坐在座位上呆若木鸡。直到放学时，收到今天最后收到的一张同学录时，也就是那最后的一根稻草，压垮了骆驼。那是今天我收到的字最烂的一张同学录。发送同学录时，那张同学录完好无损，收上来时皱皱巴巴的，上面中英合并，我是"大字不识一个"！

我最后的一点希望被那无情的绞肉机给磨灭，就如同当年凡尔登"绞肉机"无情地磨灭着人们的生命。我的心如同被千刀万剐之后再被乱刀分尸一般疼痛，心像被破甲术破开最坚硬的重甲后的那般无助地痛苦地挣扎着。我再也忍不住了，趴在课桌上无声地痛哭着——我最不希望让别人看到我的脆弱和痛苦。

哭着哭着，翻了一下同学录。等一等，现在只交了十多张同学录，还有二十多张同学录还没有回到我手中，我还拥有一点希望，我还要挺住，因为假期后还有一波惊喜或更沉重的打击等待着我，我还必须挺住，我还要挺到中考。

想到这些，我擦擦眼泪，让悲痛随风而散。在心中对自己说："不要让昨天的泪弄碎了今天的梦。"（文中的错别字我已经做了修改）

读着泓儿这篇几乎用泪水写成的文章，我的心真的像他文中所说：疼痛！泓儿写作文，从来没有超过四百多字过，可是这篇文章却写了一千三百多字！而且文从字顺很少有病句！而且还能恰如其分地运用成语和引用故事！他该是怀着多么痛苦的心情一挥而就这篇文章的呢？

泓儿的成绩的确不尽人意，他的智商的确不如其他同学高，可是，三年来，谁能否认这个孩子不是在拼命地努力着？为什么要这么对他？为什么要如此漠视一个折断了翅膀的天使？初一、初二的时候，同学们没有如此轻视过泓儿呀！难道年龄的增长，真的抹杀了孩子们最宝贵的纯真吗？

我又想到了泓儿父亲对他态度的变化，我悲哀地发现：我可以以欺骗的方式安慰痛苦的泓儿，让他以为大家都是爱他的，真心爱他的，可是，真相却是，随着年龄的增长，这个折断了翅膀的天使越来越成为大家的累赘，甚至是父母的心病！我曾经乐观地断言：泓儿长大后，会凭着自己的善良和诚实赢得人们的尊重和爱护。如今看来，我的乐观非常盲目！人们真的能像我想的那样，平等地对待一个智力不健全的孩子（或成人）吗？

花有花的魅力，草有草的坚韧，人们啊，喜欢赏花没有错误，但是，为什么在赏花的同时，要无情地践踏脚下那些顽强的小草呢？须知道，它们，一样是作为生命个体存在于这个世界的，它们一样需要阳光雨露，一样需要享受花儿们能得到的尊重与爱惜啊！

我被强烈地震撼了！我决定把泓儿的这篇文章修改一下，在校刊上发表出来，还要在班里专门召开班会，将泓儿的文章读给孩子们听听！

是的，泓儿的确是一个折断了翅膀的天使，可是，我坚定地相信：他的生命一样是美丽的！只要我们每一个人都能平等地对待他、尊重他，给他机会、给他信赖和力量！

别用眼神扼杀孩子的自尊

"像一阵细雨洒落我心底，那感觉如此神秘，我不禁抬起头看着你，而你并不露痕迹。虽然不言不语叫人难忘记，那是你的眼神，明亮又美丽，啊有情天地，我满心欢喜……"

开车疾驰在回家的路上，蔡琴低沉忧伤的歌声一路相伴，不由得想起家中老母亲那默默无言但却让我心领神会的眼神。母亲的眼神已经不再明亮了，但在我的心目中，却将永远美丽。因为那里边盛满的，是一个母亲对孩子永远的惦念和牵挂，是一份绵长而又悠远的亲情关爱。沐浴在那种不露痕迹的眼神中，被世事摩擦得遍体鳞伤的我们，才得以感受到幸福和温暖，才得以获得爬起身继续前行的动力。

想着这些，脚下的油门忍不住猛踩，归家的心情越发迫切了。

一边想着心事，一边风驰电掣地驱车往家赶。可是，很不合时宜地，手机响了。我减缓车速，打开手机，一串陌生的手机号码呈现在荧屏上。这一刻，我的心里非常烦躁，几乎想把手机从车窗里扔出去。连续一个学期了，我的手机几乎要被家长们打爆了，每天，只要睁开眼睛，就会不停地有家长打电话来，有的询问孩子的学习情况，有的是孩子跟家长逆反，需要我从中调停，有的要我给孩子调位，有的甚至因为出差孩子没地儿吃饭，要我帮忙给照顾吃饭的问题……五花八门的事情应有尽有。放暑假前后，手机更是呈分分钟通话状态，你方打完我拨来，搞得我耳朵发炎头昏脑涨，打了十一天的吊瓶才总算没有失聪，之后，我整个人像中毒一样，一旦听到手机铃声，立刻浑身战栗。

手机铃声顽固地响着，看来对方有足够的耐心等着我接听电话。想起朋友发给我的一条微信：班主任表面很风光，其实咱内心也彷徨。比骡子累来比蚂蚁忙，想要减肥就继续当。叹息一声，将车停靠在路边，接听电话。

"喂，你是代老师吗？"

果然是学生家长。但是很奇怪，我所有家长的手机号码都存在手机里，可是这位家长的电话打来时并没有显示姓名。是哪一位呢？难道是换了号码？

"您好！哪位？"我心里存着疑惑，语气有些不耐。

"哦哦哦，我是你从前的学生任婷婷的家长啊，真不好意思，都放假了还打扰你，可是，我实在是没有办法了，她最要好的同学宁心说，她谁的话也不会听，除非是她初中的班主任才能说动她，我只好向您求救了代老师……"对方是个语带哽咽的女声，有些苍老。

任婷婷？我的大脑出现了短暂的空白，哪一级哪一位？俗话说：铁打的营盘流水的兵。对于老师来说，则是铁打的学校流水的学生，一级一级的学生走马灯一般来了走了，即使是班主任，也很难把每一个已经毕业的学生记在脑海中。

我迟疑了一下，大脑高速运转着，搜索关于任婷婷的信息。终于，我的眼前浮现出一个矮墩墩胖乎乎的女孩子形象，对，应该就是她。然而，这个孩子早就已经毕业，如今应该读高二了啊，怎么有事还要找我处理呢？

我迟疑了一下，还没等开口，任婷婷妈妈就开始诉说起来。

原来，任婷婷上高中之后，有一次考试交卷晚了几分钟，她的老师就含沙射影地说她抄袭别人答案，为了这件事，婷婷去找她老师澄清事实，说她之所以晚了几分钟交卷，是因为发现试卷上的姓名没有写上，并不是借交卷比较忙乱的时候抄袭别人的答案。然而，那位老师并不听婷婷的解释，依然坚持说她抄袭别人的答案，并且还振振有词地说，他也是为了婷婷好……面对固执己见的老师，婷婷感觉自己跳进黄河也洗不清了，一气之下跟老师大吵了一通，师生两个弄得非常不愉快。

　　婷婷妈妈说，她知道了这件事之后，带着婷婷去那位老师家郑重地道了歉，而且老师也反思了自己的行为，真诚地承认了自己的武断。师生两个握手言和。

　　然而，自此以后，婷婷每次上完课回家，都是满脸阴云，开始父母并没有在意，以为她是遇到了什么不顺心的事情，再三询问婷婷却始终不肯说出原因。后来婷婷妈妈发现事情越来越严重，孩子不但整天脸上看不到笑容，而且行为也有些乖张起来，她的房间绝不允许别人进去，她的东西乱得成了杂货铺也不许妈妈替她收拾……更为严重的是，高二下学期结束后，婷婷突然向家里人宣布，她不想再上学了！

　　面对这突如其来的事变，婷婷的爸爸妈妈感到手足无措，再三询问之后才得知，自从婷婷跟那位老师发生了冲突之后，每次上课，他都用一种鄙夷的目光盯着婷婷……婷婷脸色阴郁地说，她觉得老师的眼神就像一把寒光闪闪的利剑，看得她浑身发毛，婷婷有些承受不了那冷冰冰的眼神，于是就竭尽全力地学习数学，放学回家后先做数学作业，有了难题就四处寻求帮助，无论那些被老师宠得头昂得老高的同学怎样嘲笑她，她都毫不在乎，总是缠着人家，让人家帮她讲解。课堂上的婷婷更是使出浑身解数地表现自己，试图用优秀的表现消解老师对她的不良印象。然而，婷婷的努力根本就不起任何作用，那位老师始终没有被婷婷打动过，课堂上回答问题从来不给婷婷机会，作业写得再认真也绝不会受到表扬。有一次，婷婷做出了超难度的数学题，连班里被称为"小高斯""数学王子"的同学都没有做出来，然而婷婷做出来了！满心激动的婷婷多么希望老师能够表扬她一次啊，可是，得到的依然是那种冷若冰霜利似刀剑的眼神！一次数学测验，婷婷考得不错，150 分的题目她得了138 分，这对于婷婷来说，是很不容易的，婷婷满心以为，这次老师肯定会大大地表扬她一番了。然而，那位老师讲评试卷的时候，再一次含沙射影地说，有个别同学虽然没长学数学的脑子，但却总期望自己能考出个好的数学成绩，于是就偷鸡摸狗抄袭别人的……那位老师一边说，一边频频以目示意婷婷，弄得同学们都将怀疑的目光投向她。这实在让婷婷无法接受，那天的晚自习，婷婷离开教室独自跑到操场的角落里，整整哭了一个晚上！

　　之后，婷婷开始自暴自弃，上课再也不像原来那样认真听讲，不是睡觉就是做小动作，尤其是上那位老师的课，她开始决然跟他对抗，甚至故意捣乱课堂。最后，事情闹到了班主任那里。婷婷被班主任老师叫到办公室反思，当婷婷怀着无比委屈的心情，向班主任老师诉说在数学老师那里受到的不公正待遇时，班主任老师却语重心长地对她说："任婷婷同学，你说数学老师的眼神像刀子一样可以杀人，我觉得这毫无根据！你怎么可以无缘无故地胡乱揣测别人眼神的含义呢？据我了解，数学老师并没有指明是你作弊啊！如果你真的没有作弊的话，又何必多心呢？再说了，你说你希望得到老师的表扬，我认为这是你学习目的不纯洁导致的，学习是为你自己的将来奠定基础，不是为了得到老师的表扬吧？你已经是高二的学生了，又不是幼儿园小孩子！数学老师上课不提问你，你心里认为是他在报复你，我觉得这种想法非常可笑，咱们班58位同学，如果每一个同学都像你一样，老师提问不到就误会是老师报复，那我们这些老师还怎么教学？"

被班主任叫去谈话之后，婷婷也反思了自己的行为，她试图重新回到原来那种快乐的状态，然而，每当上数学课，数学老师对她总是一副阴阳怪气的表情，有时用那种夸张的语调调侃她，说她"将来或许能成为女陈景润"，有时又不点名地嘲笑她"拿着鸡蛋碰石头，不自量力"……半年下来，婷婷看到数学老师就浑身颤抖脸色灰黄，脾气也越来越暴躁，几乎到了要崩溃的程度了，因而，她只好向父母亲提出来休学。

"婷婷才十七岁，还没成年，休学之后她怎么办呢？代老师，我也是实在没办法了才打扰你，婷婷初中的好朋友，也是您的学生宁心对我说，让我赶快找您，您或许能帮婷婷把心里的痛苦解除掉。代老师，婷婷在您手里读了三年初中，我一次都没给您打过电话，她现在都上高中了，我却还要来麻烦您，真的非常不好意思，婷婷现在在家里跟我闹别扭，行李都收拾好了，说是要去深圳打工，我和她爸爸就差给她下跪了，可是，怎么也说不动她，您能不能来劝劝她？"婷婷妈妈说着说着开始抽噎，我在电话这端听得心里异常难受，眼圈也跟着红了。

我也是个母亲，换位思考，我理解婷婷妈妈此时此刻的心情。

挂掉电话，我惆怅地望望通往家乡的那条柏油马路，这儿离我的老家只有不到五十里路了，出发之前我已经电话告诉了母亲我要回家探望，想来此时此刻，她已经挂着拐杖，颤巍巍地等在村口了吧？

屈指算来，从上次回家看望老母亲至今，应该有三个多月了，其间虽然每周都要跟老母亲通电话，但那种几欲要顺着电话线爬过去的冲动却时刻缠绕在心头。母亲已经七十有八，腿脚一直不灵便，自从父亲去世之后，就一直一个人待在老家，我们姐妹劝她跟着我们一起生活，但每次都遭到她柔和的拒绝：你们不懂……她总是这么说，然后，就是目光凄迷地望向她生活了一辈子的那个小村上空，仿佛冥冥之中有什么东西牵绊着她，让她无法也不能离开。

　　故土难离，这种情感，不惑之年的我虽然感受不深，但我想我懂得。于是，我们姐妹只好轮流回家看望老母亲。然而，因为带毕业班工作太忙碌，三个多月来我没能践行自己的诺言。那天，四姐打来电话，告诉我她回家过了，母亲身体挺结实，让我不用挂念，先忙工作。"就是我走的时候，娘一直站在村口看着我，眼神挺凄凉的。"四姐最后语气有些低沉。放下电话，心里禁不住风起云涌。四姐从小就晕车，从青岛回家一次要呕吐多次，然而她还是在如此闷热的天气里回家看望老母亲了，而我却总是以工作忙为借口，一再拖延回家的日期。我不知道母亲究竟有多少次站在村口，以永久期待的姿势等着她的孩子们回去？心中的两个字在无限放大："凄凉！"

　　然而，婷婷母亲那哽咽的话语却不停地在耳边放大！是的，婷婷还没有成年，如果真的休学了，会给她的一生留下无穷的遗憾啊！这样一想，我的内心逐渐平静下来，我打开手机，拨通了母亲的电话，告诉她，我已经走在回家的路上了，可是临时突然遇到了一件非常要紧的事情，只好折返回去。

　　母亲在电话那头沉默着，然后长长地叹了口气说："闺女，娘知道你忙，别老惦记着我，工作要紧，等你真的有空了再回家，娘身体好着呢。你开车一定要小心，千万别太快，到家后给我来个电话。"

我忍着泪水拼命点头，然后匆忙挂断电话，调转车头，飞快地赶往刚刚离开的那座小城。

婷婷的家住在一条小胡同里，我赶到的时候，她正双手紧紧地搂着她的行李包坐在客厅的小凳子上，她的母亲则横挡在门口，母女两个脸上都是泪痕斑斑。

"她爸爸那个该死的，说是再也不管孩子了，甩袖子走了，代老师，婷婷最听您的话，您快帮我劝劝她吧！"一看到我，婷婷妈妈立刻像濒死的人抓到了救命稻草一样拉住我说。

婷婷看到我来，霍地站起身，毫无表情的脸上现出惊异的神色。

"孩子，妈妈也不瞒你了，是我打电话叫代老师来的，就算我和你爸爸对不住你，可是你代老师没有对不住你的地方吧？她的话你总该好好听听吧？你要是连代老师的话都不听了，妈也不管你了，你想咋着就咋着好了！"

我摆摆手，制止了婷婷妈妈的唠叨，走去拉起婷婷的手，跟她一起在沙发上坐下来。

"婷婷，老师来可不是制止你外出打工的哟。"我笑了笑，装出一副轻松的表情说，"我前些日子看到了一个故事，一直想讲给别人听，现在，你来做我的听众好不好？"

婷婷脸上的表情更加惊异，呆呆地望着我，不由自主地点了点头。

"有一个记者去山西采访，路上遇到了一个放羊娃，她觉得这么小的孩子就辍学放羊很可惜，就问他：孩子，你放羊是为了什么？放羊娃说：羊长大了好卖钱啊！记者接着问他：卖了钱做什么呢？放羊娃一脸稚气地回答：卖了钱娶媳妇儿啊。记者又问：娶媳妇干啥呢？放羊娃好笑地说：生娃儿啊。记者叹了口气说：生了娃儿干什么呢？放羊娃看看他的羊群，很自豪地说：接替我放羊啊！"

婷婷安静地听我讲给她这个真实的故事，脸上的表情开始松动。

"婷婷，你现在去打工赚钱，然后结婚生孩子，生的孩子接替你继续打工，你是这样想的吗？"

"不是！不是的老师！"婷婷有些焦急地为自己辩白着。

"可是，你已经这么做了！"

"老师，您不知道，那个数学老师有多么可恶！他的眼神就是一把锋利的刀子，每次上课都好像要从我身上割下一块肉来才解恨的样子，而且动不动就阴阳怪气地讥讽我、嘲笑我，说我将来难成大气候，还预言我将来也就是一个窝窝囊囊的农妇！同学们也跟着起哄，他们都不把我当人看，我干吗还要去活受罪？就算是去打工，我也要活得有尊严！"婷婷的语气异常激烈，小脸都涨红了。

"可是，我认为你只不过在赌气！如果真要活得有尊严，那就想尽一切办法把学习成绩搞上去，让那些预言你未来灰暗的人瞠目，那个时候，你才真的维护了自己的尊严！你选择休学打工，只不过是一种逃避而已，不是更证实了别人对你的蔑视是正确的吗？婷婷，你已经十七岁了，不是七岁的小孩子，如果你坚持要去打工，我不拦你，如果你觉得我说的有道理，还想继续念书求学，我帮你转到别的高中去！咱们避开那个让你一见就恶心的老师，好不好？"

"老师，您真的能帮我转学？"婷婷的眼神倏然亮了。

"能！只要你放弃外出打工的念头，给我一点时间，我去为你想办法转学！"

"可是……"婷婷眼中的亮光转瞬即逝，语气有些滞重，"转学之后，会不会再遇到眼神杀人的老师呢？"她眼巴巴地望着我，无助无奈又有些犹疑惊恐。

"不会的婷婷！"尽管我知道她的担心不无道理，可我只能如此斩钉截铁，"那个数学老师一定是个特例，教师是人类灵魂的工程师，不会都像他那样心胸狭隘的，从小学到高中，你也只不过就遇到了这样一个老师而已，怎么可以一朝被蛇咬十年怕井绳呢？"

婷婷终于还是被我说动了，点了点头，主动走去把行李包拿回她的卧室。

那之后的几天里，我到处奔波，动用各种关系为婷婷转学，功夫不负有心人，婷婷终于被另外一所高中接纳了。我心里那块沉重的石头也算落了地。

后来的日子，婷婷总是不断地给我发短信，告诉我她的近况。今年国庆节，婷婷告诉我，她要报考北方的一所师范大学。

"老师，我大学毕业后也要当老师！那个破数学老师差一点用刀子一样的眼神虐杀了我，可是，您却用您水一样柔和的眼神拯救了我，我也要像您一样，当一名好老师，像您一样的老师多了，那种心胸狭隘的老师就没有立足之地了！"

听着婷婷兴奋的声音，我由衷地笑了。

是啊，一个人，可以经受身体上的各种磨难，但是，精神上的虐杀却可以瞬间将其尊严击毙。作为一名教师，万不可用冷漠的眼神扼杀了孩子的自尊啊！

不要遗忘了快乐的自己

国庆节放假七天，学校布置孩子们做一张手抄报，内容以"庆祝国庆"为主。假期结束之后的第一节语文课，我开始收取孩子们的作业。

应该说，孩子们对这个作业还是很有兴趣的，绘画水平也相当不错，有的版面设计精美，花边以麦穗稻穗为主；有的内容丰富，以"人民英雄纪念碑"为主题画面，装饰以镰刀斧头的花边；还有的画了各种庆祝活动的场面，配以简洁的解说词，诠释着人们的幸福和欢乐……

翻看着孩子们色彩斑斓的作品，我感到由衷的高兴。这几年，家长们对孩子的教育越来越重视，从小学开始，孩子们就开始训练绘画、书法等特长，比起20世纪70年代出生的我来，简直是云泥之别。我们那个时候，别说学习特长，最基本的学习家长都顾不上管，每天放学后背上草篓去割草，在山野之间疯跑疯玩，不到天黑得看不见路不会回家。而今的孩子，放学后写完作业就要练习各种特长：绘画、书法、长笛、二胡、舞蹈、跆拳道……应有尽有。孩子们的技能比起父辈来说，显而易见的不同。这是一件让人非常高兴的事情，毕竟，国民素质的提高要从娃娃抓起。

一边翻看，一边唏嘘感叹着。然而，一张墨水淋漓的手抄报突然之间跃入我的眼帘，这张手抄报跟前边那些完全不同的风格，整张报全部用黑白色调，主画面是一个十三四岁的小女孩，女孩站在黑色的窗前，侧脸仰望着窗外黑沉沉的夜空，表情忧郁，一滴晶莹的泪珠垂挂在眼窝下方。再看手抄报的内容，是这样一些语焉不详的句子：这次我离开你，是风，是雨，是夜晚；你笑了笑，我摆一摆手，一条寂寞的路便展向两头了。蝴蝶很美，终究飞不过沧海。长街长，烟花繁，你挑灯回看，短亭短，红尘辗，我把萧再叹。如花美眷，似水流年，回得了过去，回不了当初……

读着这些凌乱的句子，内心被一种莫名的情绪控制，伤感而又无奈。这是哪个孩子的作品呢？我注视着整张手抄报，没有发现作者的姓名。然而，当我的目光定格在女孩长发的装饰物时，一个象形的"真"字豁然在目。真？大脑迅速回顾班里名字中有"真"的孩子，一个小巧可人的女孩形象浮现在脑海中——任真真。再从头翻遍孩子们的作品，63个孩子的作品都在，唯独没有任真真的，那么，这一份，定然是她的作品无疑了。可是，在我的印象中，任真真一直都是个快乐开朗的女孩子啊，怎么会做这种凄凉伤感的手抄报呢？而且内容也与此次手抄报的主题完全不一致。如果说她是为了完成作业而糊弄的话，为什么整张手抄报做得如此工整？是什么原因让那个乐观的女孩如此悲伤？回想最近一段时间的小测验，真真的成绩一直呈下滑状态，我本来想找时间跟她交流一番的，但因为杂事太多，一时也没顾得上，现在看来，她成绩下滑一定也是有原因的了。

综合各种因素来分析，任真真应该是遇到前所未有的伤心事，但又没有地方倾诉，所以才借助这次手抄报来发泄内心的感伤了。想到这些，我的心逐渐沉重起来。面对那张让人茫然的手抄报，我怔怔了好长时间，决定抽时间跟她好好谈一谈，帮她把心结解开。

那天下午上体育课，任真真来找我，说她身体不舒服，不想去上体育课了。我看到她脸色发黄，眼睛无神，的确一副生病的样子，就给她写了请假条，叮嘱她在教室里好好休息，别到处乱走。她拿上请假条，面无表情地点着头去了。

真真走了之后，我的心像被什么揪了一下，总感觉不安稳。于是，我扔下手头的工作，跟在她身后去了教室。走到教室门口的时候，我突然灵机一动，悄悄来到教室后门口，从后门的玻璃上观察着室内的情形。

教室里空空荡荡的，大家都已经去操场上体育课了，只剩下真真一个人，孤独地站在教室内的走廊上。她呆呆地站了半天，无精打采地走去将窗帘都拉上，然后回到自己的座位上，脑袋枕着胳膊趴在课桌上，安静得像一只玩具小狗。片刻之后，教室里突然传来压抑不住的啜泣声，再看任真真，她趴在课桌上，小肩膀一耸一耸的，哭得非常伤心。

我愣愣地站在教室后门口，弄不明白她是真的不舒服，还是心情不好引发了伤心。不管什么原因，我都必须了解清楚，帮她度过眼前的困境。想到这里，我推门走进教室。

听见动静，任真真急忙抬起头，迅速地拿袖子擦拭着眼睛。当看清是我的时候，她脸上紧张的表情有些松动，垂下脑袋，一声不吭地坐在那儿发呆。

"怎么了真真？哪儿不舒服？老师陪你去医院看看吧？"我走过去，抚摩着她那一头浓密的黑发说。

"老师，我……我心里难受……"真真说着，泪水又在脸上流淌下来。

我摸摸她的额头，确定不发烧，看看她失神的眼睛，我断定她绝不是身体上的毛病，于是，我在她旁边坐下来，轻轻拍抚着她的脊背，等她的情绪慢慢平静下来之后，我才缓缓开口。

"真真，老师看了你的手抄报，创意非常不错，但是，主题太……太伤感了，不知道是为什么？"

"老师，您知道那份黑白版的是我的手抄报？"

"当然啦，咱班最有创造性的同学就是你了，我看到女孩发饰上那个变形的'真'字了，你的创意真的非常不错哟！可是，老师一直觉得，你是个乐观开朗的女孩，怎么那张手抄报做得如此凄凉呢？是不是遇到什么不开心的事情了？能说出来让老师听听吗？"

"老师，我……我妈妈又给我生了个小妹妹！"真真脸上的表情显得异常痛苦，"从我小妹妹出生以来，爸爸妈妈就把我忽略了，好像我就是一把空气，每天我上学放学都不在他们心上，他们一睁眼就围着小妹妹转，什么东西有营养买什么给她吃，什么衣服好看买什么衣服给她穿，我让爸爸帮我听写英语单词，爸爸说没空，我让妈妈听我背课文，妈妈嫌我烦她，我成了家里多余的人，他们都不爱我了！我好难过！"真真说着又痛哭起来。

原来是这样。我心里不禁有些好笑，但是，脸上却丝毫不敢带出来。

"从我小妹妹出生之后，整个家庭的重心都变成了小妹妹，我已经很久很久没有看到爸爸妈妈对我露出的笑脸了，他们和小妹妹一起，把我的快乐偷走了！而且，爸爸妈妈还以成绩为借口，整天批评我，说我连不会说话的小妹妹都不如，嫌我整天惹他们生气，无论我怎么努力表现，他们总是看不到……"真真哭得异常伤心。

我递给真真几张面巾纸，示意她擦干眼泪，然后，语重心长地对她说："真真，你说的这种情况，我能想象得出来。家里突然添上一件电器之类的东西，大家都兴奋得不得了，何况你家突然添了个可爱的小妹妹呢？你爸爸妈妈一开始有些偏爱她是自然的，你刚出生的时候，大家也一定非常非常爱你，不是吗？只要你努力做好自己，每天都快快乐乐的，爸爸妈妈一定不会长时间忽略你的，怎么样，愿意尝试一下吗？"

"不！不是这样的老师！都已经快半年了，我已经非常努力地表现自己了，可是，爸爸妈妈就是看不见！他们眼里只有那个还不会说话就抢走了我的爱的小死丫头！"真真的反应越来越强烈，脸孔涨得通红，眼睛直盯盯地望着我，脸上是一副自暴自弃的表情。很明显，长期的纠结已经让她忘记了那个曾经快乐的自己，眼里心中只剩下了对父母的愤怒，对小妹妹的嫉妒。"我……我恨那个一出生就把我快乐夺走的小死丫头！我有时候真想趁爸爸妈妈不注意一把掐死她！我……"

"真真！你不可以这样的！"真真还想继续发狠，我厉声制止了她，表情严肃地看着她。见我有些动怒，她也意识到自己说得过分了，垂下头不再说话。

真真的话让我想起美国心理学家马丁·赛利格曼和他那个著名的"三元实验"。实验的对象是一些狗。他们先给这些狗放一个声音，紧接着给它们一个轻微的电击，反复几次，让狗把这个声音和电击"联结"起来；接着把狗放进一个叫"穿梭箱"（shuttle box，又叫往返箱）的大箱子里，箱子中间有矮闸隔开，狗待在矮闸的一侧，然后给狗一个电击，让狗学会跳过矮闸逃到另一侧（这是很简单的），从而躲避电击；然后，他们把狗放进穿梭箱，给狗放那个声音，看看狗会不会跳过矮闸。实验没有按照预想顺利进行，而是在第二步时出现了一件怪事：那些受到电击的狗躺在穿梭箱里一动不动，只会哀鸣，并没有跳过矮闸。趋利避害是生物的本能，为什么这些狗宁肯承受电击却不跳过去呢？这么奇怪的结果让在场的人都傻了眼。狗不动，实验就无法继续下去。这一幕被闯进实验室的塞利格曼看见，也许是因为没有受到思维定式的影响，塞利格曼突然想到：这些狗不动与声音无关，而是因为在这之前，这些狗从某个过程中学会了"无助"——它们了解到无论自己做什么都是无济于事——于是在下一步的实验中，它们继续预期电击是不可逃避的，于是放弃了躲避的尝试。

无疑的，真真目前就处于这种"无助"的状态。我的心越揪越紧，问题看上去非常严重。为了缓和有些凝重的气氛，我逼迫自己冲着真真微笑，然后用一种轻描淡写的语气跟她说，我会跟她的父母就这个问题认真交流的，请她给我和她的父母一点时间。

那天晚上，我跟真真的母亲通了一个小时零四十分钟的电话。真真的母亲说，自从小女儿出生之后，家人的心思的确都放在这个刚出生的小人儿身上了，而且这个小女儿的确比大女儿省事，吃饱了从来不哭不闹，总是安静地睡觉，或者睁着乌溜溜的大眼睛好奇地望着周围的事物。真真妈妈说，真真小时候就不这样，动辄就哇哇大哭，搞得四邻不安，她和老公绞尽脑汁地安抚也无济于事，等到稍微大一些的时候，真真又特别不喜欢上学，放学后总是先顾着玩耍，她和老公还经常被老师叫到学校交流。上初中之后，真真好像懂事一些了，能按时完成作业，也没有被老师单独留下过，然而，小女儿一出生，真真突然就像变了个人，一回家就阴沉着脸，说话像吃了枪药，动辄对父母大吼大叫的，原来并不喜欢吃零食的她，现在每天都要跟父母要零钱买零食，原本不喜欢新衣服的她，现在一到周末就缠着妈妈陪她去逛商店买衣服……搞得她和老公不知怎么办才好，两个孩子一比较，偏爱小女儿就很自然了。

"代老师，这段时间不光真真难受，我和她爸爸也非常难受，我们也不知道是怎么了，好好的一个家庭，怎么突然之间就变得硝烟弥漫了呢？您不知道，真真一放学回家，我和她爸就变得小心翼翼，生怕哪句话又惹恼了她，搞得一家人都不快乐，可是，越是这样，她越是给你个狼来了，我们家现在几乎每天都'战争'不断，再这样下去，我觉得都要崩溃了！"

　　听完真真妈妈的诉说，我觉得问题越来越棘手了，如果孩子和家长都不能静下心来反思自己的言行，这个家庭的矛盾无疑将会越来越剧烈，最终的结局会是怎样的呢？我不敢想。

　　夜里躺在床上，辗转反侧不能入睡。问题很明显，矛盾骤起原因是两方面的，如果只要求一方面改变是不合理的，也是不可能做到的，只有真真和她的父母亲同时改变自身的做法，问题才有可能解决。一夜思索，第二天一起床我就给真真妈妈打了个电话，要求她下午有时间来学校一趟。真真妈妈也很希望家庭能重新回到原来的欢乐状态，所以，很痛快地答应了。

　　下午第四节课，真真妈妈如期而来。我跟她讲了自己对她所遇问题的看法，并要求她代表她的老公，真诚地向女儿真真道歉，我向她保证：只要她能态度诚恳地向女儿道歉，真真也一定会有所改变的！真真妈妈思忖了半晌，答应了我的要求。安顿好真真妈妈，我又将真真叫出来，声称她妈妈意识到最近一段时间忽略了她，今天特地来学校向她道歉，我请求真真：你妈妈能低下头来向你道歉，你无论如何都要原谅她，并且也要反思自己的行为，毕竟是一家人，打断骨头还连着筋呢！

　　"我妈她能向我道歉？老师您别胡扯了，她那么强势的一个人，怎么可能向我道歉呢？"真真听完我的话，有些怀疑。

"好吧，我不跟你多说，待会儿你自己验证吧。"我说完就头也不回地向办公室走去。真真迟疑了一会儿，也跟着我来到办公室。

　　当真真妈妈按照我们事先讲好的向女儿道歉的时候，真真吃惊地盯着她妈妈，片刻，泪水顺着脸颊肆意地流淌下来，她一边哭，一边扑进妈妈的怀中，这一刻，她的母亲也流泪了，一个劲地重复着："孩子，妈妈对不起你！妈妈不该忽略你！妈妈对不起你！妈妈以后再也不会这样了！"

　　母女两个终于言和了。看到她们带泪的笑脸，我也长长地吐出一口气来。

　　为了让她们母女之间的关系能够长久地稳定，我给她们讲了美国阿拉斯加州一个叫作格鲁特吉伦的小镇的故事。这个靠近北极圈的小镇，全年平均气温只有四摄氏度，冬天气温最低可达零下 40 摄氏度，一年四季都笼罩在白茫茫的雪野之中。因为天气恶劣，小镇的居民生活极为艰苦，因而，很多人悲观失望郁郁寡欢。为了驱散这种悲观气氛，鼓励居民乐观积极地生活，2005 年 2 月 1 日，小镇委员会制定了一条在全世界都堪称独一无二的法令：每天傍晚六点到七点为"快乐一小时"时间。法令颁布之后，每到傍晚，警察会微笑着挨家挨户地巡视，看到有愁眉苦脸者、悲观失望者、郁郁寡欢者、落落寡合者，就轻者罚款，重者强制学习，学习的内容是观看喜剧电影或诙谐幽默的电视脱口秀。法令颁布一段时间之后，格鲁特吉伦镇重新又充满了生机和活力，没有人再背井离乡逃往他乡去谋生了。

　　我要求真真和她的父母亲也像格鲁特吉伦镇的居民一样，每天选择一个时间段作为家庭的"快乐时段"，在那个时段内，无论是谁，都不许发脾气，更不许悲伤难过忧郁。

"坚持三周，第四周的时候，咱们再来分享一下你们的感受，怎么样？"我跟真真和她妈妈商量。

　　"行！"真真和她妈妈异口同声地答应了我。

　　二十一天的时间很快过去了，第四周的时候，没等我打电话，真真妈妈就来找我了。这一次，她满面笑容喜笑颜开。

　　"代老师，您真的神了！自从上次您要求我们每天选择一个时间段作为'快乐时段'以来，我们家每天晚上八点到九点都充满了欢乐，女儿也不跟我们闹别扭了，我们看她也不再厌烦了。十个指头哪个咬咬也疼啊，小女儿的确很可爱，可真真也是我的连心肉啊！我觉得以前的确是我和她爸爸错了，没有从她的角度出发考虑问题，她毕竟还是个孩子呀。要不是您及时调整我们，现在我们一家还不知道咋闹腾呢！谢谢您了代老师！"

　　跟真真再次交流起她的小妹妹的时候，真真再也没有咬牙切齿地要"掐死她"，而是幸福地称呼她的妹妹为"小顽皮蛋"，她的学习成绩也开始稳步上升。

　　其实，每一个人的天性中都有快乐的因子，之所以有些人会感到不快乐，是因为他们夸大了生活中痛苦的成分，而把快乐的自己遗忘了。只要慢慢地、有意识地去培养快乐的习惯，天性中的快乐因子就会被激发出来，带给你温暖和力量，而一个快乐的人，无论遇到什么棘手的问题，也不会被难倒。

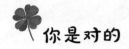
你是对的

　　那一年我接了一个实验班，学生全部住校，每周回家一次。十二三岁的孩子，一周只能有一天半的时间（那些年不休大星期，周六还要上半天课）跟父母在一起，享受父母之爱，这对于正处在需要被关注、被呵护年龄的孩子们来说，无疑是一种"刑罚"，因而，孩子们的行为特别不规范，出口伤人的、动辄打架的、故意损坏公物的、半夜起来坐在床上死活不睡觉的、早恋的、逃学去网吧上网的……应有尽有。而且，学生之间的纠纷比普通班多得多，因为他们一日三餐都在学校里吃，晚上要在学校里住宿，一天二十四小时待在一起，筷子碰到碗的概率就特别大，处理起来也特别麻烦。因而，相对于普通班来说，当实验班的班主任就需要具有更大勇气。不仅学生难管理，因为孩子们都住校，吃喝拉撒睡全部都得有人监护，所以，谁要是被指定当实验班的班主任，都是一副欲哭无泪的表情。我也不想接这个受死罪的差事，因为我的女儿当时只有一岁，连话都说不完整，正是需要母亲倾力爱护的年龄。然而，找领导推辞却辞不下来，只能硬着头皮接下了这个烫手的山芋。

　　我是个做事特别较真的人，既然接了这活儿，那就必须努力去做好，否则就感觉对不起每月发到手的那两千多块钱工资，更对不起那些将孩子送来的家长。然而，要想将五十个个性迥异缺少父母之爱的孩子带好，无疑也不是一件容易的事情。

俗话说，射人先射马，擒贼先擒王。经过一段时间的观察，我发现，那些特别捣蛋的孩子已经形成了一个小圈子，圈子的核心人物叫作阿成，是一个从东北转来的学生。该生虽然只有十三岁，但却长得人高马大，一米六五的我站在他面前也需要"仰视"。而且，这个男孩的目光有一股匪气，看起人来像是拿刀子剜，他曾经书包里背着一尺长的砍刀跟初三的几个小混混在操场上群殴，也曾故意将厕所的窗玻璃捣碎，还曾经借同学过生日为由喝得酩酊大醉……面对这样一个有恃无恐的孩子，我绞尽脑汁地思考着将他"拿下"的办法。

很快地，机会来了。学校组织数学竞赛，每班选十名同学代表班级参加。阿成的数学成绩在班里算是中游，数学老师挑选的竞赛选手名单上没有他是理所当然的。然而，这孩子却找到我，目光阴沉地要求参加竞赛。

"数学老师凭什么不让我参加竞赛？"这孩子连最起码的礼貌都不讲，上来就是这么没头没脑的一句，"是不是瞧不起我？"

看到他一副"混江龙"的做派，我心中的火气腾地一下就点燃了，可是，我知道此时自己不该发火，这种孩子绝对不会害怕老师发火发怒，或许他的目的就是要惹恼老师，看老师暴跳如雷取乐儿呢。这样想着，我的脸上就绽开了温和的笑容。

"如果你觉得数学老师是因为瞧不起你才不让你参加竞赛的话，那请你说说，你觉得他为什么要瞧不起你呢？"我一边漫不经心地收拾着桌子上的作业，一边和缓地说。

"不就是我平时爱打架，说话不像别的同学那么礼貌吗？我知道数学老师对我有成见！"阿成气呼呼地嚷嚷着。

"哦？我刚刚接这个班，对班里的情况不太熟悉，你刚才说，你平时爱打架？说话也不太礼貌？我怎么没听说过啊？相反的，你数学老师和其他老师都跟我反映，说你脑袋瓜特别聪明，如果精力别剑走偏锋，肯在学习上下功夫，进入年级前十名你都有希望呢。"我一边说，一边用眼睛的余光观察着他的反应。

听到我的话，他的眉头皱了皱，很快就放松了，脸上露出了不太相信的神情。

"数学老师真的是这么跟你说的吗？"

"是的，如果你不相信的话，我可以把他叫来，让他当你的面再说一遍。"

"不用了老师。"阿成愣怔了一会儿说，声音明显比刚进来的时候小了许多，而且居然喊了我一声"老师"！

"可是，如果他没有瞧不起我，为什么不让我参加数学竞赛呢？"片刻，阿成又皱起眉头问我。

看来，这个孩子的思维方式跟别人不太一样，不让他参加数学竞赛，自然是因为怕他拿不到好的成绩，如果他的成绩一直都很好的话，怎么可能不给他这个机会呢？这么简单的问题，他居然还要再三问我。可是，我又不能直截了当地说他成绩不好、不能入选，那样会刺激他、伤害他的自尊心的。然而，如果我答应让他参加竞赛，数学老师那边的工作也不好做，毕竟这是代表班级去竞赛，如果拿不到好的成绩，数学老师的脸面会很不好看。

看到我表情有些犹疑，阿成的粗鲁又露头了，他用那双鹰隼一样的眼睛盯着我道："不就是嫌我数学学得不好吗？可是，不给我机会，怎么就知道我的成绩会比别人差？"

看来，这孩子来找我，是抱着非要参加竞赛不可的目的了，如果让他参加，数学老师那里不好交代，如果不让他参加，这匹野马或许会脱缰咆哮，该怎么办呢？

"我成绩不好，你们其实都瞧不起我，我知道的！"

还没等我说话，阿成就愤怒地吼叫起来，顺手将面前的一把椅子往旁边一操，赌气向外走去。

他这一出去，估计就离我越来越远了，我的"擒贼先擒王"的计划就会彻底泡汤！想到这里，我立刻喊住了他。

"我决定，让你参加这次数学竞赛！"尽管心里忐忑不安，我还是斩钉截铁地跟阿成说了，"你是对的，孩子！不给你个机会，怎么知道你的成绩不如别人呢？"

"真的吗？"阿成回过头来，脸上的表情又惊又喜。

"你想参加数学竞赛，说明你学习态度端正，这是值得肯定的好事，应该给你一个机会证明你的能力。不过，数学老师已经公布了参赛名单，而每个班只有十个参赛名额，如果让你去，就必须有一个同学让出名额，你说，叫谁让出这个名额好呢？楠楠？她每次数学考试都是满分，辛辛？他的数学成绩也不赖，还有齐齐、小星、冉冉、程程、子涵、飞跃、阿杰、阿岩，他们几个的数学成绩在班里也是首屈一指的，阿成，你帮老师想想，你代替哪一位同学去参赛比较好？"我掰着指头一个一个地数算着，眼角的余光观察着阿成的表情。

阿成呆呆地站在那里，右手不停地挠着后脑勺。良久，他不为人知地叹了口气说："算了老师，我的数学成绩比不上他们几个，我……还是不去参加竞赛了吧！"

"那怎么行！我觉得你能主动提出参加竞赛，这是非常好的事情，你是对的，不给你个机会证明一下，怎么知道你的数学学得不好呢？所以，老师刚才反思了自己的行为，觉得一定要给你这个机会来证明你的实力！"我心里忍不住暗笑，但脸上丝毫不敢露出马脚。

阿成看了看我，挺为难地说："老师，我要是去参赛，就得有一位同学放弃机会，这对那个同学也不公平，而且……而且我也怕自己拿不到好成绩，让数学老师更瞧不起我，也会……也会拖了班级的后腿……"

"哦，阿成，你这个想法也很正确。这样吧，离竞赛还有一段时间，你先回去，咱们都好好想一想，看有没有两全齐美的办法？"我拍了拍阿成的肩膀，示意他先回去。

安抚走了阿成之后，我赶紧去找数学老师，数学老师一听阿成主动请缨要参加数学竞赛，立刻就瞪大了眼睛。

"他去参加数学竞赛？就他那种吊儿郎当的做派，就算数学成绩再好，人品也让我看不上！更何况咱班数学成绩数到二十名也见不到他的影子！如果让他去，其他同学会怎么说我？他以为学校是他家开的工厂啊？想怎么着就怎么着？我不能助长他这种自以为是的坏毛病！"

数学老师的态度非常明朗，也很坚决。而且说得也非常有道理。我一时有些进退维谷，不知怎么办好了。

"我还有课，这事回头再说吧！"数学老师说着，夹起讲义去教室上课了。

我愣愣地站在那儿，心里乱糟糟的，不知道该怎样调和阿成和数学老师之间的矛盾了。突然间，曾经读过的一个小故事在脑海里浮现出来：有个得道高僧正在打坐，他的一个徒弟突然气呼呼地跑了来，跟他状告自己的小师弟，说小师弟怎样怎样不好，高僧听完，微笑着说：你是对的。小徒弟得到了师父的安慰，心平气和地离开了。小徒弟离开之后，他的小师弟也气冲冲地跑了来，向师父哭诉说他的师哥怎样怎样不好，高僧仍然微笑着听完，对这个小徒弟说：你

— 135 —

是对的。这个小和尚得到了师父的安慰，也高高兴兴地离开了。这时候，一边侍候高僧的另外一个小和尚皱起了眉头，对高僧说：师父，您平常教导我们做人要诚实，可是您刚才明明在撒谎啊！高僧听完，依旧微笑着说：你也是对的。小和尚悟性极高，听完立刻跪倒磕头，感谢师父的点拨。

想起这个小故事，我乱糟糟的脑海突然清朗了。我找到数学老师，跟他说："如果轻易地让阿成代替别人去参加比赛，会助长他嚣张的威风！你是对的，不过，阿成既然主动请求参加竞赛，咱们就给他个机会，这样吧，到时候您给我一张试卷，由我亲自给阿成监考，让他作为一名编外选手参加，如果他成绩考得不好，他也就没什么话好说了，如果他成绩考得好，咱们不是更应该替他高兴吗？"

数学老师听我这么说，也没再说什么。

我又找到阿成，问他想出好的办法来了没有。阿成有些腼腆地挠着头皮说："要不这样吧老师，竞赛的时候，您给我一张试卷，您亲自给我监考，看看我究竟能不能考出个好成绩来。"

这小子跟我想到一起了，我在心里暗暗为他竖起了大拇指，脸上却不动声色。

"你的意思是说，你不上竞赛考场，作为一名编外选手参加竞赛？"

"我没有别的想法，就是觉得数学老师对我有偏见，所以就想证明一下自己在数学上的能力！"阿成的目光柔和了许多，脸上的表情甚至有些羞涩了。

"为自己争取机会证明自己的能力，你是对的！没问题，就按你说的做！到时候我给你要一张竞赛试卷，咱这段时间好好努力，到时候考出个好成绩来证明自己！"我举起右手，阿成很默契地也举起右手，师生两个击掌为誓。

那段时间我发现，阿成不再跟圈子里的同学混闹了，一有空就抱着数学课本写写画画，有时候去宿舍检查孩子们作息，发现阿成居然捏着手电筒在被窝里做数学题！

很快地，数学竞赛来临了。数学老师给了我一张试卷，我把阿成叫到办公室，亲自给他监考。

竞赛结果出来的时候，我班十名参赛同学有九名获得了非常好的成绩，进入了授奖的前五十名，只有一名同学发挥失常考了89分落选，而阿成那张试卷得了103分，如果他去参加竞赛的话，也能获得一个奖项。

数学老师拿着阿成的试卷找到我，面有愧色地说，他可能是用老眼光看待新问题了，没想到阿成居然能考这么好的分数，早知道这样的话，就让阿成也参加竞赛好了……而阿成，看到自己得了103分，兴奋之情也是溢于言表。

借着这次竞赛的机会，我找阿成做了一次长时间的谈心。此后，以阿成为核心的那个小圈子自动解体，班风开始逐渐好转。一年之后，我班成了向心力、凝聚力都很强的班级，期末考试，总成绩全年级排名第一。

"你是对的。"是的，有时候，肯定别人，其实是为了自己工作、生活更加顺利，那么，又何必吝啬这简单的几个字呢？

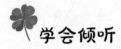

学会倾听

昨天，看了一个小故事，故事讲了一位年轻的妈妈和她4岁的儿子陪着她的父亲一道去郊游。儿子口渴了，妈妈从背包里拿出两个苹果，要儿子给外公一个。没想到儿子将苹果拿到手后，在两个苹果上分别咬了一口，见到儿子这样，妈妈心里很不是滋味。

"妈妈……"

儿子刚刚开口，看见妈妈狠狠地瞪着自己，赶紧低下头，将要说的话咽进肚子里去了。

外公知道孩子平时很懂事，他这样做肯定有他的理由，于是外公将他拉到一边，满面笑容地问："孩子，告诉外公，你为什么要这样做？"

孩子看了看外公，眼里闪着泪花，说："我想把最甜的那个给您。"

外公紧紧地抱着孩子，笑得更欢了，妈妈的眼里隐隐闪烁着泪花。

是啊！如果不是外公让孩子把话说完，了解了孩子的真实想法，那岂不是冤枉了孩子？我们平时是否也存在这种现象呢？我们是否也经常把自己的想法强加给他人呢？所以在生活中，我们不但要听，而且要学会倾听。

倾听孩子，也是家庭和谐的法宝：通过倾听孩子来帮助孩子宣泄负面情绪、通过互相倾听来宣泄家长自身的负面情绪，其中有关如何倾听的方法不但有助于减轻孩子的烦恼，同样有助于减轻父母的烦恼。同时要告诉父母们的最核心的一点是：你们有能力帮助孩子处理各种负面情绪，让孩子有更好的注意力去认知、学习，为友谊、合作和欢乐敞开自己的心胸。

做父母的都爱自己的孩子。确保孩子的健康成长是我们生活中最重要的目标之一。看到孩子幸福快乐，是我们最大的愿望。孩子活泼可爱的笑脸，清脆响亮的笑声，乐于合作、明白事理的表现，邻人或学校老师对孩子的赞赏，让我们感到轻松愉快，自豪和幸福，是对我们为抚养子女付出的所有辛劳的最好回报。

但是，正如天有阴晴雨雪一样，孩子也有闷闷不乐、大哭大闹、发脾气、不合作、不讲道理的时候。父母们常抱怨说："我简直弄不明白这孩子是怎么了。刚才还好好的，忽然就跟你闹起别扭来了。怎么哄也不行！太气人了！"每当这类情况发生的时候，我们就感到困惑、沮丧、气恼、烦躁和失望，感到抚养孩子的苦楚和不易。

总之，我们希望自己的孩子一切正常——活泼、好学、懂事、听话。当孩子显得不正常时——例如，情绪低落、大哭大闹、好发脾气、厌恶学校、不可理喻时，我们常常感到无计可施，自己也变得情绪恶劣，只能运用做父母的权威，采取"高压政策"，简单粗暴地对待孩子。

其实，正如世界上一切事物的发展过程一样，孩子的成长也不可能一帆风顺。长年致力于家庭教育心理咨询的帕蒂·惠芙乐认为，当孩子哭泣的时候、当孩子恐惧的时候、当孩子发脾气的时候、当孩子愤怒的时候……孩子的这些不正常的表现在孩子的成长过程中起着特殊的作用，如果处理得好，会有利于孩子形成健全的人格和健康的心理。她认为，孩子的每一个非正常表现的背后都有一个正当的理由。他们是在宣泄精神或身体上的创伤所引起的负面情绪，是在呼唤成年人的关注以帮助他们更好地宣泄，从而获得最终的康复。孩子发脾气、不讲道理的时候，表明他需要被倾听。所以，当孩子有"不正常"表现时，我们父母应当通过倾听给孩子以最好的关注。例如，面对愤怒的孩子，我们要尽可能保持心平气和，给他机会发泄出内心的怒气。有的家长在开车接孩子回家的途中，孩子谈到学校遇到的一些困难或不开心的事情，家长就延长了回家的路程，这样能让孩子在一个比较安全的环境中继续诉说和哭泣。而且在汽车里，家长的关注不是直接的，不会导致孩子掩藏自己的情绪。因为在车里，家长需要专心开车，所以较容易让自己不去"介入"，而只是倾听，让孩子释放出积压在心里的情绪。当然，为了能很好地倾听孩子，父母们自己有时也需要得到倾听，以排除自身的有关负面情绪。

当前，我国社会上普遍关注的青少年教育问题的一个重要方面是独生子女问题。帕蒂·惠芙乐的观点与实践也许会引起年轻父母的疑虑和担心，即：强调父母要倾听孩子是否有纵容和宠坏孩子之嫌，自己的孩子是否会因此而成"小皇帝"？的确，当孩子有不良情绪时，做父母的不但要求保持态度可亲，还要耐着性子关注孩子，帮助他发泄不良情绪。这听起来确实像是纵容孩子。但是，只要我们仔细了解帕蒂的观点和实践，就会明白：倾听孩子绝不意味着纵容孩子。首先，倾听孩子是为了帮助孩子摆脱负面情绪，使他们恢复正常思维的能力，从而能够理解和接受成年人的正确意见和建议。其次，倾听也是一种从精神上和感情上关怀孩子的重要方式。

我们做父母的常常只注重在物质生活上尽可能地满足孩子的需要和愿望。当孩子在精神上和感情上需要支持和帮助时，我们却往往因为时间和精力的不足无法满足他们的需求。情急中，我们常常会同意满足孩子的某个物质要求，以便让孩子安静下来，让我们快些摆脱麻烦。例如，当孩子莫名其妙地大哭或发脾气使我们心烦意乱时，我们很可能会破例允许他多吃一份冰淇淋，或答应给他买他想要的东西，以止住他的哭声及不良情绪。当孩子意识到我们的弱点，意识到自己精神和感情上的需求难以得到关注时，他们就会以不断提出物质需求的方式来获取我们的关注，直到我们发现孩子被"宠坏了"。

所以，倾听孩子与纵容孩子并无必然的联系。孩子被宠坏的原因多半在于我们只满足他们物质上的需求（这比较容易做到），而忽视了或顾不上满足孩子在精神和感情上的需求。

实践证明，孩子期望我们倾听他们的心声，渴望被理解。而倾听恰恰能够开出一条通往互相理解的道路。家长对孩子的倾听能够增强孩子对身边世界的安全感，会感到自己得到了大人深深的、无保留的爱。在成长的过程中，经常得到父母倾听的孩子会更健康、更快乐、更聪明，家庭也会因此而更温馨、更和谐！

作为教师，在日常教学中，我们经常要求学生要认真听，要学会倾听，可我们老师自己却经常像开头故事中的妈妈那样，不善于倾听学生的心声。我们习惯告诉学生应该这样或应该那样，当学生没有接受我们的建议时，我们往往会说："这是为你们好。"我们是否想过学生的要求呢？他们到底想要什么，我们知道吗？由此可见，学会倾听是多么重要。

专家指出，在工作中取得成功的人士，他们的成功有八成是依赖于倾听别人说话或让别人倾听，一名成功的教师也是如此，倾听几乎是教师的日常工作之一，不可想象如果没有倾听，教师怎么可能理解他的学生，又怎么可以教得好书？我们老师，面对的是来自几十个不同家庭的学生，要想了解他们，走进他们的内心世界，就更加要学会倾听。

一个愿意且善于倾听的教师会让学生感到亲切，学生愿意跟他交谈，使师生关系变得更加亲密、友好。教师通过倾听，可以增加对学生的了解：了解学生过去有过什么经历、有过什么荣誉，家庭情况怎样，性格是开朗的还是内向的，他崇拜什么样的人等。教师通过倾听，还可以了解事情的真相，懂得学生的真实想法，减少误会，使教育更加有效。

记得班里原来有一个叫张娜的同学，每天早晨八点正式上课之前，她从来没有到过校，总是在第一节课上过十多分钟之后，她才拖着看上去疲惫不堪的身体走进教室。这种情况引起了我的注意，于是有一天下午，我把她叫到教室外边，伸手抚摩了一下她有些凌乱的头发问她："张娜，你最近是不是遇到什么事情了？能不能告诉老师，看我能不能帮到你呢？"

张娜低垂着脑袋思忖了片刻，抬起头定定地望着我道："老师，我知道您找我是因为我总是迟到的事情，我……"

见她欲言又止的样子，我意识到她是真的遇到难题了，于是和蔼地微笑着，冲她点点头说："请接着说下去好吗？记得你以前从来都不迟到的，可是最近这段时间却……我就猜到你一定是遇到困难了，不然的话，你是不会老迟到的，是不是？"

张娜望着我，眼泪一点一点地流下来，哽咽着说："老师，我自行车丢了，我没敢跟我爸爸说，我家离学校有七八里地，最近我一直都是步行到学校的，要半个多小时才能走到。"

我心里终于有了着落，如释重负地吐出一口气来，我又摸了摸她的脑袋道："丢了就丢了吧，该告诉家长的还是得说出来。哦，我家里正有一辆自行车闲置着，要不你先用着吧？"

张娜的泪水淌得更欢了，摇着头道："老师，谢谢您了，我不能要您的自行车，我可以每天早晨早点起床，早点给奶奶做好饭，就可以早点往学校赶了。以后我会注意，一定不再迟到的。"

见她说得很悲伤，我意识到她的生活远远不只是丢了自行车，问题要比这严重得多。于是，我和蔼地望着她，鼓励她把心里话都说出来。她犹豫了一会儿，终于打开了话匣子。

原来，这孩子很小的时候，亲眼看见了母亲惨遭车祸离开人世，后来，父亲又娶了个女人，因为生活拮据，夫妻俩每天天不亮就去市场找活干，天黑透了，孩子都睡下了还回不了家。这孩子就跟她八十多岁的奶奶一起生活，奶奶因为白内障，眼睛看不清事物，家务事就全堆到孩子身上了，所以，她每天早晨上学前，都要给奶奶先把饭做好之后才能动身往学校赶，本来时间就紧张，最近又丢了自行车，真是屋漏偏逢连夜雨，雪上加霜……

认真地听完她的诉说，我的眼里也挂满了泪花。这孩子太不容易了，幸亏没有不问青红皂白地就责怪她迟到呀！

后来，张娜执意不肯要我赠送的自行车，我只好跟她父亲联系了一下，跟他说明了孩子的情况，她的父亲给她从旧货市场又买了一辆车子，这次之后，她再也没有迟到过，而且学习较以前有了很大的主动性和积极性。

如果教师没有倾听的习惯，就缺乏与学生沟通，造成师生关系的对立，导致误会越来越深。通过倾听，教师能及时了解到学生对教师教育、教学方法是否适应，对教师言行有什么看法，知道他们最满意自己的是什么，不满意的有哪些，以便及时做出调整，满足学生的要求，建立和谐的师生关系。

倾听本身也是一种鼓励方式，能提高学生的自信心和自尊心，加深彼此的感情，因而也就激发了学生的学习热情与责任意识，有助于取得更好的教育效果。

我曾经带过一名叫王俊杰的学生，有一段时间，上课的时候我发现他总是走神，有时候我走到他身边，用目光示意他，他都视而不见，这让我感觉到问题的严重性了，于是找一节自习课的时间，我跟他进行了一次长谈。

当我与他面对面坐下来的时候，我发现他的眼神非常迷茫。他坐在那里发了半天呆，突然长长地叹了口气，可是却一个字都不肯吐露。

"俊杰，你的名字是谁给你起的，能告诉我吗？"

我意识到要想让他开口，得另辟蹊径了，于是笑着问道。

他似乎没明白我的意思，愣怔了片刻，嗫嚅道："我爷爷起的。"

好，终于开口了。只要你开口，就有办法交流了。

"呵呵，看来你爷爷很有学问啊，而且对你很器重呀，俊杰，你爷爷是希望你长大后能成为才俊，做一个杰出的人啊。"

他看了我一眼，鼾着鼻子道："我爷爷当然很有学问！他年轻的时候在新疆当兵，什么样的世面都见过！我爸爸那时候又淘气又调皮，学习成绩比我现在还差，可硬是让我爷爷给教育成了大学生，而且还是医科大学呢！"

听得出来，这孩子的语气非常自豪，看来，拿他爷爷作为开场白，算是找对了路径了。

"哦？你爷爷是个军人啊？老师最崇拜的就是军人啦，他们为了保家卫国，甘愿牺牲自己的一切，甚至生命呢！能不能多说一点你爷爷的故事呢？我真的很想听一听老人家的趣事哟。"

那孩子咧开嘴巴，终于露出了一个难得的笑容。

"老师，我小时候上幼儿园，就是跟着我爷爷在新疆上的！那时候我学习可好了，一直到小学四年级，我的成绩都是班里前几名呢！后来，我爸爸调到日照这里来工作，我爷爷也退休回这边老家，我们一家人就从新疆回来了。回来之后，我一时不适应环境，学习成绩开始下滑，有一次我考试考得不理想，结果我爸爸大发雷霆，把我狠揍了一顿。那之后我就没信心了，总觉得自己不行，于是就越来越不行了。"

"嗯，你爸爸那边，我会跟他联系，好好跟他谈一谈的，一次考试考不好有什么呢？关键是找出原因来，慢慢对症下药就会赶上去的嘛。"

"我爷爷也这么说来着，可我爸爸不听啊！三个星期前，我过生日的时候，我姑姑给我买了一部MP5，我不喜欢听音乐，就用它跟同学换了一部手机，可是拿回家一看，是个坏的，没法用！这事被我爸爸知道了，又把我揍了一顿！还逼着我把MP5换回来……跟我换手机的同学已经毕业了，我到哪儿去找他呢？我爸爸一听说换不回来了，抢起小板凳就朝我的脑袋砸过来，老师您看看！"俊杰说着，将额前的头发撩起来，我看到额头上红肿一片！

看着孩子额角上的伤痕，听着孩子苦恼的语气，看看他那跟年龄极不相称的忧愁面容，我终于找到了他上课走神的真实原因了。

那次谈话后，我找到了他的家长，跟他详细交流了看法，并跟他约法三章：第一，以后无论发生什么事都不能张口就骂抬手就打孩子。第二，在家里经常跟孩子进行一些和谐的交流，让孩子将心里话说出来，做家长的耐心倾听，并及时给予合适的建议和意见。第三，那部MP5的事情交给我来处理，我会通过恰当的途径找到手机的主人，将 MP5 换回来。

这之后，王俊杰上课不再走神了，毕业考试，他以优异的成绩考入了市实验高中，成为一名合格的高中生。目前，这孩子已经考入了北方民族大学，成为一名阳光的大学生。不久前，他去香港参加一个国际级的钢琴比赛，获得了银奖。

大自然在赐予人类无尽的能源时，也赐予了人类学会倾听的耳朵和心灵。

走在路上，你需要倾听风一路吹过路旁小草发出"簌簌"的响声，它在向人们诉说春的生机和生命的多姿多彩，你只有用心去听，才能听懂它们无言的传递。

在树林小道上，你需要倾听，倾听第一缕阳光洒进树林的温和、安详，倾听第一声鸟鸣的悦耳动听，倾听刚接受阳光洗礼的树的低语，你将明白倾听是人生的一大乐趣。

走进校园里，你需要倾听，倾听莘莘学子琅琅的读书声，倾听辛勤园丁们孜孜不倦的传递声，倾听这些，你便会明白是谁指引我们打开文学的大门，明白我们读书的目的……

花儿的枯萎，河水的浑浊，像一位沧桑的老人流泪向人类讲述环境的恶化，鱼儿的减少，溪水的断流，在无言中为人类敲响了警钟……只有用心你才能听到，才会明白人必须与大自然和谐共处，否则你倾听到的将只有沙尘暴的呼啸，洪水的肆虐，雾霾的窃笑……

生活中需要倾听，精神上也少不了倾听。

用心去倾听好朋友的一个善意的提醒，一个严厉的批评，将使你改正错误不至偏离原来的目标。用心去听父母的一次唠叨、一次对话，你将会明白，生活之中处处充满关爱，使你在爱的润泽下健康成长。

一次次的倾听，带来一次次的收获，一次次的收获，促使我们再一次地学会倾听，促使我们珍惜身边的一切事物。

　　倾听，是连接友谊的桥梁；倾听，是学会关心的前提；倾听，是享受生命的开端。

　　倾听就是人生，错过了倾听，你就错过了人生，而收获了倾听，你也就收获了人生。

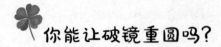

你能让破镜重圆吗？

那一年，我接了一个实验班当班主任。

不久，班里刘冬冬的妈妈就哭丧着脸来找我了。她说，她的孩子可能有病，因为他不喜欢美丽的东西，破坏欲极强……

我打断了她语无伦次的叙说，给了她一杯水。她呷了一口，慢慢平静了下来，开始比较有条理地叙说起来。

"前天下午，刚刚下过一场小雨。我和冬冬坐在家里看电视，他爸爸突然回来了，他是上景德镇出差了。他捎回来一对美丽的大花瓶，是真正的景德镇瓷器。但是，他像往常一样，没有进家门。他打开门之后，将花瓶放在地毯上就走了。

"哦，忘了告诉你，自从我们俩闹离婚以来，他就再没有进过这个家门一步。他不想回来，我也讨厌看见他。

"但是，对于我们的儿子冬冬，他是尽了做父亲的责任的。冬冬进学校的实验班，是他出的学费，冬冬的衣服和玩具也大都是他买的。冬冬喜欢弹钢琴，他二话没说就去买了来。可以说，他对冬冬是百依百顺。

"可是，最近一段时间，冬冬突然什么也不要了，而且总拿一种陌生的眼光看我，这一次又是这样。

"他爸爸走后，他呆呆地看了我一会儿，慢慢地走到组合柜前，抱起一只花瓶，看了看，突然冲向阳台，将花瓶扔下楼去。我本能地去护另外一只，可是他那眼神，简直就像要吃人一样。我只好由着他，眼睁睁地看着他把另外那一只花瓶也扔出去。一瞬间，两只价值不菲的花瓶就这样跌了个稀碎。而他却咬牙切齿地叫喊着：'打碎它！打碎它！'

"老师，我儿子是不是有什么心理疾病呀……"

刘冬冬的妈妈终于叙述完了。她坐在那里，一脸的无奈与恐慌。

我默默地看着她，在她的叙述中，我早已经明白冬冬的心结所在了。可是，我该如何告诉她呢？毕竟，她也不愿意有这样一段失败的婚姻呀。

良久，刘冬冬的妈妈又抬起头来，目光呆滞地说："这几年，我和他爸爸虽然一直在闹离婚，可是，并没有影响到他呀。我们不缺他吃不缺他穿，简直就是比赛谁最疼他，要星星不给月亮的，可……"

"可他要的是一个和睦的家庭，你们能给他吗？你们的行为已经严重地伤害了他的心灵，而你们居然一点也没有察觉到！他需要的不是金钱，他要的是幸福和欢乐，你们能给他吗？不能！你们是一对自私的夫妻！你还说什么呢？！"我忍不住站起来叫道。

我想，我没有权利指责他们夫妻之间闹离婚是对是错，我的责任也不是劝他们俩和好，我知道，就是我有三寸不烂之舌，也不可能将一段失败的婚姻给捏合到一起，我心疼的是那个叫刘冬冬的孩子，他正处于人生的花季，这种沉重的生活对他来说简直太不公平了。长期在这种压力下过日子，他能承受多久呢？

我必须想办法让他从父母亲的阴影当中尽快走出来，否则，一出悲剧将不可避免地发生。不，我不能眼睁睁地看着悲剧发生！

我把刘冬冬叫到身边，拿出一面破碎的镜子，对他说："冬冬，老师交给你一个任务，把这面镜子恢复到原来的样子，好不好？你可以利用你能想到的所有办法。"

他看看我，一声不响地干了起来。他先是用胶水去粘合那面破镜子，结果不行。他又试图用订书机像订本子一样把破镜子订好，可他费了九牛二虎之力也没做到。他面对着那一堆破碎的镜片，急得抓耳挠腮，像热锅上的蚂蚁一样。最后，他似乎想出了办法，用透明胶带将破镜片小心翼翼地连在了一起。

看着他脸上刚刚露出来的笑容，我真不忍心打碎他心中的那份天真，可是不行，我必须让他明白真相。

我将他粘连好的镜子放到他的面前，问道："冬冬，镜子里出现了几个你？"

他认真地数了数，睁着一双无邪的大眼睛说："七个。"

我点了点头，又拿出一面完好无损的镜子递给他问："现在，你看到了几个刘冬冬？"

"一个。"他说。

他说完之后似有所悟地望着我，脸上的笑容慢慢地消失了。

"冬冬，人的感情就好比这面镜子，不小心弄碎了，是不容易修补好的。你爸爸妈妈不小心把他们感情的镜子弄破了。可是，你和你爸爸、你和你妈妈之间的感情镜子还是完好无损的，你应该珍惜，而不应该故意破坏甚至放弃呀。再说，大人之间的事情很难说，你没有必要把那么重的担子压在自己的肩上，否则，你会被压坏的，你明白老师的意思吗？"

冬冬沉默了半天，终于抬起了小脑袋。"老师，我明白了，谢谢您！"

此后，冬冬的妈妈再也没有来找过我。

只要有机会，石头也能开出花儿来

那堂课要讲的是一篇古文，题目叫作《送董邵南游河北序》。作者是唐朝著名的散文大家韩愈先生。

课文内容很简单，讲的是韩愈老先生的好朋友董邵南虽然满腹经纶，但却屡试不第，无可奈何之际，便想到当时的河北，也就是现在的黄河以北去谋求发展。但是，唐朝中后期以来，藩镇势力日渐强大，逐步形成了割据一方的动乱局面，董邵南要去的地方，正是藩镇割据的势力范围。韩愈老先生本着和平统一的思想，委婉地奉劝他留在中原，不要去助纣为虐，可又不好硬将自己的意见强加于人，便将那奉劝弄得一波三折，企图让董邵南自己断绝到河北谋求发展的念头。

拿到这篇文章之后，我仔细地阅读了几遍，又翻开参考书看了看，发现资料上所讲的突破点都是从爱国这个角度上来思考的，可是我分明从文章中读出了另外一种味道：韩愈老先生无疑是站在天子的角度上来奉劝自己好朋友的，他在文章中讲了那么多，却一点都没有顾及好朋友的不得志，只是反复强调"董生勉乎哉"，这显然于董邵南是不公平的。既然董邵南在中原"怀抱利器，屡屡不得志于有司"，那么，他产生到藩镇去谋求发展的念头应该说无可厚非，可韩老先生却喋喋不休地左一个"董生勉乎哉"，右一个"董生勉乎哉"，是什么意思呢？

思之再三，我决定采用"辩论"式教学，就董邵南是否该去河北谋求新的发展展开辩论。这样一来，课堂气氛相对来说要活跃一些，且可以最大限度地发挥学生的主观能动性。思路理清之后，我开始了紧张的准备工作。等到一切准备就绪，听课的时间也就到了。

来听课的老师特别多。

孩子们一个个兴奋得像跟猫玩捉迷藏的小老鼠。女生还稍微收敛一些，见老师们来了，主动问个好。男生就不行了，好似进了城的农民陈焕生，东瞅瞅，西望望，一会儿飞跑出去撒尿，一会儿低下头摆弄摆弄书本，一会儿又回过头来互相挤眉弄眼地做鬼脸，一会儿旁若无人地大声说话……

上课铃一响，像学生们笔下的老生常谈：我迈着矫健的步伐走上三尺讲台，洪亮地大喊一声："上课！"

"同学们，让我先给大家讲一个故事吧。有一个叫蓝海心的女孩儿，农业大学毕业后找了好多工作，可是却一直不顺心，不是公司不满意她，就是她不满意公司。没办法，她只好待在家里。后来，她在新加坡的一个远房亲戚回国探亲，见蓝海心闲得无聊，回国的时候就将她一起带上了。来到国外的蓝海心经过种种磨难，终于发挥自己的特长——蔬菜种植，三年内使自己成为一个百万富婆。同学们，从这个故事中，你得到的是什么样的信息呢？"

"老师，我觉得蓝海心真是个了不起的女孩子！公司的人看不起她，她没有自暴自弃，而是积极寻找机会，到适合自己发展的地方去实现自身价值，这种做法很值得我们借鉴呢！"一个同学站起来发言道。

"张雁，这是你的观点，为人就要积极、向上，努力创造条件发展。很好！还有没有不同的观点？"

我饶有兴趣地看着发言的那个同学，冲他肯定地点点头，然后，扫视着其他同学又问。

　　"老师，我觉得蓝海心的运气真不错。我大姨家表姐的情况跟她差不多，也是屡次被公司炒鱿鱼，我表姐的运气就没蓝海心好。她后来去深圳发展，可是，不但没挣到钱，差一点儿连命都扔到那里去了。"另外一个同学一边说一边心有余悸地双手交叉抱在胸前，似乎那致命的危险就在她不远的地方虎视眈眈地盯着她一样。

　　"哦，宋遥遥，你的观点跟张雁正好相反，是吗？还有没有其他想法呢？"

　　"老师，我也想当百万富婆！我原来一直瞧不起农民，觉得他们整天跟土地打交道，做什么都老土，种菜的菜农就更让人瞧不起了。可是，我没想到，蓝海心居然种菜种出了个百万富婆！我现在明白您曾经给我们说过的一句话：三百六十行，行行都能出状元的！从今天开始，我要认真学好美术，将来当一个出色的画家！"发言的是班里有名的调皮大王丁思，大家都叫他"西部地区"，言外之意是说他各个方面都落后得很。

　　"太好了！丁思同学，你说得简直太棒了！大家热烈鼓掌支持！"

　　说实话，我是无论如何也没想到，这个上课从来就没发过言的丁思，居然在那么多人来听课的时候张开了嘴巴！丁思显然是认真地听了我的故事，并且严肃地思考了，这无疑是个了不起的巨大变化！说是奇迹一点都不过分！

　　立刻，我敏感地察觉到，转化丁思的时机终于来到了！一年来我几乎无时无刻不在思考、寻找转化这个后进生的机会，可是，我一次又一次地失败了。这堂课上他的表现，无疑是一个激动人心的信号，真是踏破铁鞋无觅处，得来全不费工夫！上天终于看见了我的一片诚心，功夫不负有心人啊！

于是，我马上调动自己所有的评价语言，尽量恰如其分地对待这件事。

多年的工作经验告诉我，此时，即使你发现了时机，也要沉住气，不能表现得太激动。因为对于丁思这样一贯受批评的孩子来说，在他的心目中，表扬就如同天边的晚霞，虽然很美丽，却是可望而不可即的。但若表扬言过其实，他会执拗地以为，老师在糊弄他，根本就不是从心里关心他！这种事情在我的教学生涯中不是没遇到过。

"丁思同学的美术，在咱们班是出类拔萃的！这是美术老师告诉我的，可不是我个人的主观臆断！美术老师早就想收他做关门弟子啦，只是还没遇到合适的机会。好，等下了课，老师就陪你去找美术老师，正式拜师学艺，好不好？"

"谢谢老师。如果有人肯好好教我学美术，我想我肯定能行！"丁思表现得非常不错，眼睛放光，言谈也很恰当。我想，看来我是摸对了他的命脉了。

"你当然能行，不只是你，每一个同学，只要相信自己能行，就一定能行的！我一贯相信，只要有机会，石头也能开出花儿来的！"我昂着头，威严而不失慈爱地看着我的 68 个孩子，笑容灿烂地挂在嘴角眉梢。

可是，就在这时候，我听到有同学发出扑哧的笑声——显然是在讥笑丁思的发言。

果然，一个女生将手高高地举起来了。

"老师，像丁思那样的同学，您真的会认为他能行吗？我觉得不容乐观！"

问题居然如此尖锐！说"苛刻"也毫不过分！

"你！你这条母狗！就会从门缝里看人！"不等我做出回答，丁思已经急了，红头胀脸地大声叫喊起来。

"看看吧，老师，狗是改不了吃屎的！江山易改，本性难移啊！"那个女生根本就没理会丁思的叫骂，也许是听惯了这样的叫骂吧。她斜睨着气急败坏的丁思，鼻子里发出哼的一声，对他的叫骂嗤之以鼻。

我难堪地站在讲台上，思绪似乎停顿了，不知怎样控制局面。

听课的老师们惊讶地看看几乎是在咆哮如雷的丁思，再看看从容不迫的那个女生，将目光定格在我的脸上。

我恨不得冲向钟楼，拉响下课的铃声，好把自己从那困境中解救出来。

我沉默了大约一分钟，开口道："不能否认，丁思同学的确一向很少发言，但并不能说明他不能在课堂上发言，对吧？由不发言到开口表达自己的想法，我觉得只此一点，丁思同学的进步就不容我们忽视！当然，在以往的学习过程中，他身上存在着许多缺点，大家对他有些看法是可以理解的。可是，事物都是在不断地变化当中。就像咱们课文中说的那个董生，跟丁思不同的是，他一直都想发言——给朝廷提一些好的建议和意见，发挥自己的才能，为朝廷出力。可是，朝廷却不给他那样的机会！所以，他才决定到藩镇去寻求发展。那么，我们是否希望自己也像当时的朝廷一样，扼杀丁思同学发言的权利呢？"

我小心谨慎地字斟句酌，试图慢慢将思维拉回到课堂上。

乱糟糟的课堂终于还是安静了下来，看得出来，同学们都在思考我的那个新问题。

"我觉得还是应该给他一个机会的，说不定他会改好的。"片刻之后，一个同学站起来说，然而声音很小，一边说还一边东张西望的，似乎怕自己的观点会惹来一致的反对。很显然，他是底气不足。

"我不同意你的说法！像丁思那样的同学，除了缺点你就不可能在他身上找到什么优点！刚才人家就说了那么一句话，他就骂人是母狗，这样的人简直就是社会渣滓！等着他变好，除非大海的水干了，高山上的石头被削平了！"又一个同学站起来，不屑一顾地嚷叫道。

我紧张地看一眼丁思，他的双拳攥得紧紧地，眼睛里冒着凶光。

天！要是他管不住自己，大打出手，我可是有的好看了！

只能以目光示意他不要激动。

令我狂喜的是，丁思居然明白了我的示意，尽管满脸都是压制不住的怒气，还是牢牢地坐在位置上，那紧绷着的身体分明是怕自己一不小心，屁股会自动脱离板凳的控制！

我简直要喜极而泣了！我抓住大家沉默的短暂空当，快速地说："既然大家意见出现了分歧，那么，咱们这节课就来讨论一下，像丁思这样的同学，究竟能不能改正缺点，使自己成为一个合格的中学生。其实，这个问题讨论清楚了，关于董邵南游河北的问题也就迎刃而解了！"

…………

我知道，这堂课已经无法照原来的目标进行了，也许会让听课的老师和领导们失望。不过，我认为这一堂课收获简直太大了，这从丁思那闪着光芒的眼睛里就可以知道。我想，上好一堂课并不难，可抓住一次转化后进生的机会，使他的学习和生活发生根本性的转变，却是非常不容易的！

可以说，那堂课是我从教以来上得最"乱"的一堂课，但是，时至今日，我对那堂课还是记忆犹新。

后来，那帮孩子毕业之后还有同学给我发短信，说他们永远会记得那句话：只要有机会，石头也能开出花儿来的。

第二辑 心中的风筝

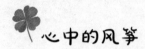

心中的风筝

不知不觉间，又是一年的春季到来。周末，跟女儿一起出外玩耍，看见碧蓝的天幕上，自由游弋着一个个若隐若现的小点儿，蓦然间惊醒：又到放风筝的季节了。

女儿显得异常兴奋，指点着漫天飞舞的各式风筝，煞有介事地吟哦着课本上的古诗：

草长莺飞二月天，

拂堤杨柳醉春烟。

儿童散学归来早，

忙趁东风放纸鸢。

虔诚地仰望着。那些牵拉在孩子们手中的风筝，以各种不同的形态和姿势呈现在眼前，或高或低，或急速滑翔，或稳稳停留在空中。大人们跟在孩子的屁股后边，高一脚低一脚地奔跑着，不时发出一声声惊呼："小心点，别跌倒啦！慢点跑啊，看摔着了……"

一时迷醉在眼前的情境中，脑海里不禁浮现出幼时的一幕幕。

生于 20 世纪 70 年代后的人，不管在城市还是乡村，大抵同我一样，幼时对风筝情有独钟。然而，那时的我们，想得到一只成品的风筝，是何其困难的事情！我们十来岁的时候，正是中国刚刚改革开放的时代，一切都是新鲜的，当然也包括风筝。那时的市面上，卖风筝的几乎没有，即便有，其价格也绝不是一般家庭能够消费得起的，因为风筝纯粹是小孩子玩耍的奢侈品，并不能为家庭带来什么好处。虽然孩子们对风筝痴迷疯狂，理智的家长们仍然不会为了满足孩子的愿望去掏自己并没有鼓起来的腰包。

我对风筝的钟爱，最初是源自于鲁迅先生的一篇文章《风筝》。那时候我刚刚十多岁吧，因为没什么可以娱乐，于是就整天钻进一帮上高中的大哥哥、大姐姐堆里，去他们的书包里倒腾课外书看。事隔多年，已经不记得是在哪一本书中看到鲁迅先生的《风筝》了，大体内容也记不甚清楚，但里边有一个情节，却是终生难忘，那就是作者将弟弟亲手做好的蝴蝶风筝骨架一脚踏扁的细节。

那个细节，即便现在回想起来，也仍然惹人惆怅。不同的是，儿时，短暂的惆怅过后，随之产生的，是一种也要做一架风筝的冲动，而且雷厉风行地付之于行动。而如今，除了惆怅，似乎已经懒于行动了。

记得很清楚，做一架蝴蝶风筝的第一步，就是满村子里转悠着，窥视着谁家有割倒的高粱秸秆，然后，等到夜晚的时候，就偷偷地跑了去，钻进人家的高粱秸秆堆里，去折梢上那长长的一截，回家后揭开水缸，不管好歹将秸秆扔进去，还不忘找一些大的石块将其用力压住。因为高粱秸秆已经干透了，如果不用重物压住的话，它们就会竖立着蹿到水面上，哪怕在水里泡上一天一夜，也不会使其变软，而干燥的高粱秆很容易折断，根本无法根据需要改变形状。

做完了这些，那个夜晚，就一定会睡得甜美酣畅，似乎风筝已经顺着美梦飞进心里去了。不过，若是没有寻到高粱秆，那夜的梦，一准是焦躁烦闷的，因为在梦里依旧要不停地寻找做风筝的材料。

因为心安，睡得沉实，早晨的醒，往往是伴着母亲愤怒的责骂：死丫头，弄这一水缸的秫秫秸（高粱的别称）干啥？好不容易挑来家的水，又没法儿吃了！

在呵责声中赶紧跳下炕，半睁半闭着眼睛冲到天井里。水缸里的石块已经被母亲搬掉，满缸里都是尖尖竖立着的高粱秆，像一只只令人挠头的小刺猬。

母亲见我起床，眼睛立刻瞪得更圆，脸上的肌肉也哆嗦了，指着水缸里那些此起彼伏的"罪魁祸首"们，干噎着说不出话来。

也难怪母亲盛怒，那时候吃水，都是到很远的井里去挑的，一担水爬沟上崖地挑回来，要费好半天的工夫，费时费力得很。可是，小小的人儿，哪里能够体会大人的艰难呢？寻不到浸泡高粱秆的好地方，自然首选水缸，怎么还会顾得上考虑那么多？

于是在母亲的责骂声中，慌忙地捞出水缸里的宝贝，珍贵地抱在怀里，再急忙地寻到一些废弃的"软线"（一种带塑料包皮的细铁丝），撒开两腿，飞也似的跑到远远的小山上去，躲在密密匝匝的树棵子里，开始煞费苦心地扎那梦中的大蝴蝶风筝。

现在想来，那时的执着精神，真是值得夸耀的。往往一躲就是一天，忘记了时间，也忘记了饥饿，先在地上用石块来来回回地画出蝴蝶的大概样子，然后琢磨着用高粱秆折出形状，将软线用牙齿咬成指头长的一段一段，专心致志地将关节捆绑结实。但是，因为没有见过真正的风筝，扎出来的样子往往跟心中所向往的大相径庭。于是就一次次拆了扎，扎了拆，从旭日东升折腾到月上柳梢，终于有了满意的"作品"，这才将其仔细地掩藏在树丛深处，悄默声地钻出来，蹑手蹑脚地回家去。

那夜的梦，必定是反复无常的，像烙饼一样在炕上折腾，眼巴巴地盼着天明，还要搜肠刮肚地想着到哪里去寻糊风筝用的彩纸。

那个年代，想寻到彩纸是不容易的，只好用白纸来代替，然而白纸也不容易寻到，就小心翼翼地寻找机会，去"窃取"父亲卷旱烟的草纸。然后再到面罐子里悄悄儿抓一小把白面，怀里揣上早就瞅好的半片碎碗片儿，一盒火柴，临出门又突发奇想，从大门上撕下一块对联纸，掖在裤袋里，飞也似的跑向藏风筝骨架的小山上，先查看一下自己的"杰作"有没有被什么人给偷取或弄坏，及至发现那歪歪扭扭的风筝骨架完好无损地躺在那里，才安心地将面粉放进碎碗片儿里，到沟渠里捧一点水拌上，架起三块大石头，做成灶的样子，将碗片儿坐在上面，薅一丛干透了的柴草在灶下点燃，找一截木棒不停地在碗片儿里搅拌，等鼻子闻到面熟的香味，就知道糨糊熬好了。

这样，就万事俱备了。

安然地两脚摊开，在尘埃里坐下来，开始糊那心爱的蝴蝶风筝。

父亲卷旱烟的草纸又薄又脆，稍微不小心就会戳破一个大窟窿，于是就不停地用树叶做成的"裁纸刀"左切一块补到翅膀上，右割一块糊到尾巴上，等到好不容易将整只蝴蝶糊好，左右端详着，得意得像吃了一顿纯白面饺子一样，抹抹迷蒙的双眼，从裤袋里掏出对联纸，吐一口口水上去，洇湿了，轻轻在蝴蝶翅膀上点染，灰褐色的草纸立刻就生动起来，变得生气勃勃，觉得心已经跟着眼前的风筝飞上遥远的天空，自由自在地翱翔起来了。

然而，要风筝飞上天空，还有好多的工作要做——要寻机会跟母亲讨要缝纫机上用完了的线轴，要翻箱倒柜地寻找、积攒母亲拆旧年的被子废弃的洋线，然后一点一点接起来，接到足够长的时候，再一圈一圈谨慎地缠绕到线轴上。

这一切的工作，看似简单，但对于一个孩子来说，却十分不容易，需要好多天才能完成，因为那些材料不能一时凑齐，只能眼巴巴地寻找机会。这样，又要不停地上山去看护已经做好了的风筝，怕被人发现偷偷拿走，又要煞费苦心地讨好母亲，眼巴巴地瞅着她的线轴一天天变瘦，直到那些线全被用完，才能被母亲没好气地扔给我。

为了能够尽快地得到一个用完的线轴，我曾经无数次地祈祷过，期望姐姐们的衣服快些磨破或被树枝剐破，那样以来，母亲必定要用缝纫机替姐姐们缝补衣服，线轴用完的时间就大大缩短了。

等到好不容易把一切工作准备就绪，找一个东风劲吹的天气，我雄赳赳气昂昂地托着那架蝴蝶风筝出现在村子里，像一个打仗归来的将军一样，身后跟着十几个拖鼻涕的小小人儿。他们眼巴巴地望着我手上的风筝，羡慕得眼睛都红了。

我们呼啸着跑到村外的打麦场上，手上的风筝一鼓一鼓的，像等不及要飞起来的样子。小伙伴们就没命地叫喊：放啊！快放线啊！你要等到风跑走了才放吗？

在一片呼喝声中，我稳稳地将风筝往天空中一送，手中把着线轴，撒开脚步在麦场上跑起来。

可是，我亲手做的那架蝴蝶风筝，那架被红红的对联纸点染得异常美丽的大蝴蝶风筝，却像折断了翅膀一样，在半空中打了个旋儿，还没飞出去一人高，就猛地一头攒到尘土里去了！

我呆愣着，双腿僵硬，再也难以跑动半步。

小伙伴们也愣怔了，一个个傻乎乎地望望我，再望望那架安静地躺在地上的风筝，然后叫嚣着，吐着口水远远地跑走了。

麦场上瞬间的热闹消失了，空寂寂的，只剩下我一个人，不，还有我的大蝴蝶风筝！

我的大蝴蝶风筝，你为什么飞不起来呢？难道你没有看见，为了你，我花费了多少力气和心血吗？你怎么就不能理解，一个孩子渴望飞翔的心呢？！

我的泪水哗啦啦流下来。我一屁股跌坐在尘土里，号啕大哭……

那之后，我再也没有做过风筝。但是，那种渴望跟风筝一起飞翔的心情，却不曾有一丝一毫减弱过。

…………

"又是一年三月三，风筝飞满天，牵着我的思念和梦幻，飞回到童年……"

女儿从汽车后备厢里找出她的大蝴蝶风筝，牵拉着大大的转轮线轴，快乐地将风筝送上天空，稚嫩的歌声随风筝一起，飘向遥远的天空。

我低下头，默默地想着：其实，我的风筝，她已经飞上天空了，不是吗？

我是从哪里来的？

　　每一个做家长的，尤其是母亲，应该都遇到过题目中的这个问题吧？

　　"我是从哪里来的？"

　　从许多资料上看到，有些专家主张，应该毫不避讳地跟孩子说明白，还有的资料持相反的意见。面对众多的资料，妈妈心里的彷徨可想而知啦。

　　初做妈妈的人，心里一点儿底气都没有，因为，面对那样一个无法与大人正常沟通的小家伙，许多时候，总是束手无策。

　　应该是女儿三岁的时候吧，已经上幼儿园小班的小星星，可能因为接触到了爸爸、妈妈之外的许多人，获得的信息也相对丰富了吧，小脑袋瓜里居然开始有了许多新鲜的问号。

　　夏天的时候，我跟小星星一起洗澡，那小东西可能是无意间发现了我剖腹产留下的伤痕，突然很恐惧地盯着那里，小手伸出来，想摸却又不敢的样子。

　　我的心里，突然就恐慌起来，我意识到，那个让我彷徨许久的问题，可能一瞬间就要发生了！然而，我还没有准备好答案。

　　可以毫不夸张地说，我全身都在冒汗水了。

　　好在，小星星还没有到能够察言观色的年龄，她并不知道，此时此刻，她那双无邪的大眼睛里，满含着的，是令我多么为难的问题！

那只伸出来的、胖乎乎的小手，所指向的，又是一个令我多么难以招架的问题！

应该说，即使面对着课堂上最调皮的学生，当老师的我也从没有过这样的恐慌。因为，对于小星星即将问出来的那个问号，我已经思考了许久，仍然还没有一个完美的答案。我不知道，跟一个三岁的小女孩儿，讨论那样高深难懂而又隐秘的问题，结局会是如何？

小星星却并不知道，她那只胖乎乎的小手，指向了怎样一个两难的问题。

"妈妈，您这儿怎么了？"

小家伙纯洁的眼神，似乎有些焦虑。因为在这之前，她的手曾经被锋利的水果刀划破过，虽然及时处理了，也还是留下了一道若隐若现的疤痕，虽然并不明显，但那种疼痛的记忆，一定非常深刻吧，毕竟那是她第一次受到外界的伤害啊。

想到这些的时候，我的脑海里突然浮现出一个念头：就跟她说，是不小心用水果刀划了一下，小东西应该不会怀疑的吧？可是，这个念头刚一冒出来，立刻就被否定了。这种谎言，可以隐瞒过三岁的小星星，但是，等到小星星十三岁的时候呢？会怎样看待这个问题？等到她二十三岁的时候，又会引起她什么样的感受？

我犹豫着，在谎言与实话之间艰难地选择着。这个问题，让我想到下围棋到了关键的时刻，一着不慎，就可能造成满盘皆输的事情。真的不是夸张啊，做妈妈的，孩子永远可能都是孩子，可是，即使她再小的时候，提出来的问题，都不能轻易地敷衍啊。

小星星的那只手，仍然很执着地指着我腹部那道不短的伤疤，眼睛里满是好奇，或许更多的还是惊讶吧。

我定了定神，一边轻轻地将那只小手挪开，在她的掌心里抚摩着，一边缓慢地说："宝贝，你知道，你，是从哪里来的吗？"

与其被动地被小家伙占尽先机，还不如先发制人呢——这是我当时最无赖的想法啦。

"哎呀，妈妈，是啊，我是从哪里来的呢？我问奶奶来着，奶奶说，我是爸爸妈妈从大海里捞出来的，是小蝌蚪变成的呢。"

我的心突然一沉。没想到，小东西早就对这个问题发出过疑问，只不过是面对奶奶，而不是妈妈。

"宝贝，你听过小蝌蚪找妈妈的故事，是不是？"

"听过的，幼儿园的阿姨讲过的呀，妈妈也听过吗？"

"是啊，妈妈也听过的。宝贝，小蝌蚪最后找到妈妈了吗？"

"当然找到啦，她的妈妈是小青蛙！"小星星骄傲地咯咯笑了。

"那么，奶奶说你是小蝌蚪变成的，你觉得对吗？"

"妈妈，小蝌蚪的妈妈是小青蛙呀，我的妈妈是你，你可不是小青蛙！"小星星突然紧张而又惊讶地看住了我，眉头紧紧地皱了起来。显然，她是意识到奶奶的话不太可信了，"妈妈，奶奶怎么能撒谎呢？老师说，撒谎不是好孩子的！"小家伙的语气里，有些许愤怒了。

"奶奶不是故意的嘛，因为，这个问题很不容易弄明白，奶奶也解释不清楚。不过呢，奶奶是善良的，对不对？"

"对的。奶奶还给我做最好吃的西红柿炒鸡蛋呢。"

小星星的注意力，被我成功地转移了。

我思索着，握着女儿的小手，在腹部那条长长的伤疤上抚摩着："宝贝，知道吗？你呀，就是从这条伤口里，被医生阿姨抱出来的呢。"

"啊？这么说，我是从您肚子里钻出来的喽？"女儿惊讶极了，小嘴巴一下子就张大了，露出洁白的小奶牙，"可是，我这么大，您这么小的肚子，怎么能盛得下呢？"小星星惊讶的表情中，掺杂着怀疑，蹙着小眉头，不解地望着我。

"哦，宝贝，一开始呢，你是很小很小的，只有一粒小米那么大，然后，你在妈妈的肚子里使劲儿长啊长啊，最后，长到妈妈的肚子盛不下的时候，医生阿姨就在妈妈的肚子上，切开一道口子，这样，你就出世啦。"

虽然不知道这样的解释，小家伙能否接受，但是，我还是决定把实际情况告诉小东西了。

"可是妈妈，我像小米那么大的时候，是怎样进到你肚子里的呢？"小星星的问题接踵而来。

"啊，这个嘛，当然是爸爸把小米种进妈妈肚子里的喽。"我有些尴尬地回避开小东西执着的目光，有些羞涩了。

"可是，爸爸把小米宝宝种进妈妈嘴巴里的时候，妈妈的牙齿，不是就把小米宝宝咬碎了吗？"

天啊，这个问题怎么没想到呢？我为难地搔了搔脑袋，斟字酌句地说："妈妈当时是，像吃药一样，把小米宝宝囫囵咽下去的啊。"

"哦，原来是这样的啊？我明白了，妈妈吃下小米宝宝的时候，一定很难受吧？因为宝宝吃药的时候，都是很苦的，特别难受呢！妈妈，把我吃下肚子里去，您真不容易啊。"小星星体谅的眼神，很爱护地望着我。

"是啊，是很不容易呢。可是，现在，小米宝宝长成你这可爱的小姑娘啦，妈妈的不容易，不是就很值得了吗？所以啊，妈妈不但没觉得不容易，反而很幸福呢。"

"不过，我还是想一直住在妈妈的肚子里。"女儿似乎没有听到我的话，呆呆地望着我腹部的那条伤疤，"您的肚子，给医生阿姨切开的时候，不是很疼吗？您哭了吗？我不想要妈妈疼，不想要妈妈哭。"

我的眼睛湿润了。宝贝有这么一颗体谅妈妈的心，还有什么能比这个更可宝贵的呢？

"是的，是很疼，妈妈当时，是哭了，可是，妈妈是高兴得哭了呢。"

"高兴得哭了？为什么？我打针的时候，痛得厉害，怎么还能高兴呢？又不是有糖吃！"女儿显然以为我是在欺骗她，很不高兴地把头扭到了一边。因为，以她的经验，打针都是那么痛苦的事情，何况肚子上切开一道口子呢？

"宝贝，妈妈没有骗你，是真的。"我郑重地说，"因为，切开一道口子之后，小宝宝就可以走出那间黑屋子，见到一个明亮的世界啦。而且，等小宝宝会说话了，还可以跟妈妈聊天，这样妈妈就不寂寞啦，你说，当你就要从妈妈肚子里出来的时候，妈妈会不会很幸福呢？应该不应该高兴呢？"

"好像，您说得也有道理啊，妈妈。"

"小星星有些明白了，是吗？有时候，短暂的痛苦，是可以换来长久的幸福的，你看，现在，你不是就可以陪妈妈说话解闷儿了吗？如果你一直住在妈妈的肚子里，妈妈跟谁来说话呢？"

"妈妈，我长大了，也要在肚子里种一粒小米，然后让医生阿姨，给我在肚子上切开一道口子，抱出一个小宝宝来！"小星星严肃地看着妈妈，郑重其事地说道。

我心里的那块巨石，一下子落了下去。看来，这个问题可以结束啦。

"小宝贝，那你不怕疼吗？"这一次，我大胆地指着那条伤疤，语气里再也没有彷徨和担忧。

"不怕！"小星星斩钉截铁地道，"妈妈都不怕，我当然也不能怕啦。再说，小宝宝出来后，还可以陪妈妈解闷儿呢，我也会很高兴得哭的！"

　　"高兴地哭泣！"

　　我把小星星轻轻揽进怀里，轻松地微笑了。想来，将来的小星星，应该不会惧怕生孩子这样艰难的事情了吧？

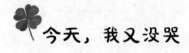

今天，我又没哭

　　这是小星星上幼儿园的事情了。

　　因为爸爸、妈妈工作很忙，又没有人帮忙管理小星星，所以，那小东西两岁的时候，就被送到幼儿园去了。

　　准备让小星星上幼儿园的前半年，也就是小家伙一岁半的时候，妈妈就从各种书籍中搜集了许多资料，都是关于小孩子上幼儿园的事情。从那些资料中，妈妈得到了一个很可怕的信息：小孩子第一次上幼儿园，差不多都会因为不适应环境而生一场病！

　　这个信息让妈妈非常担忧，于是，妈妈一有机会，就向别的妈妈请教，询问人家的孩子上幼儿园的时候，是否真的生过病。

　　妈妈每次跟人家讨教，都是怀着期待的心情，总是盼望人家的回答是"不，我家小孩子上幼儿园的时候，没有生过病"。

　　可是，不幸的是，妈妈的希望，一次又一次地落空了。请教了同事中所有做了妈妈的人之后，妈妈脸上的笑容，完全消失了。

　　"看来，我们不能掉以轻心啊……"妈妈望着在客厅里忙着用积木搭小房子的小星星，伤感地叹息着，跟爸爸说。

　　"要不，咱们先请个保姆，等到她再大一些，行吗？"爸爸知道妈妈不舍得，商量着说。

　　"那当然好！"妈妈似乎早就考虑这个问题了，不等爸爸话音落地，就急急忙忙地抢着说，"可是，我们……"

“钱的事情，我们可以从其他方面节省一些。”

爸爸知道妈妈没有说完的话是什么意思，因为买房子的事情，家里欠了一些债务，为了还债，妈妈白天上班，晚上就给刊物写稿子，然后把微薄的稿费积攒起来，还给人家。

“什么时候，才能不再欠人家的债啊！”

妈妈经常一个人这么叹息。所以，要请一个保姆看护小星星，这主意虽然很好，对于一个不愿意欠人家人情的妈妈来说，却并不是上上之策。

“也许，如果我们，在小星星的饮食上，好好改善一下的话，说不定，她或许不会像大家说的那样，生一场病的吧？”妈妈像是自言自语，又像是在向一个看不见的智者讨教。

“晚上回来，我们可以好好给她增加点营养，比如，周一我熬排骨汤给她喝，周二呢，喂她一些虾皮鸡蛋汤也行吧？周三……”

爸爸叹了口气，没有再说什么。

小星星上幼儿园的事情，就这么在沉默中决定了。

因为工作太忙了，小星星第一天上幼儿园，妈妈没有去送。可是，望着那个小小的人儿，背着一个沉甸甸的大书包，牵着爸爸的大手，一蹦一跳远去的身影，妈妈还是忍不住哭了。

那天晚上，妈妈熬好了香喷喷的排骨汤，小星星一进家门，立刻就闻到了，欢叫着扑进厨房，一下就拱进了妈妈的怀抱。

爸爸检查小星星书包的时候，从里边捡出了一块花卷。那块花卷显然被小星星啃了几口，周围有一排明显的小牙印。可是，拿在爸爸手中的花卷，早已又干又硬，大人坚硬的牙齿，也无法咬动了。而此时，小星星正依靠在妈妈怀里，跟妈妈炫耀着幼儿园的种种……

那块风干了的花卷，直到现在，依然清晰地印在妈妈的脑海里。

周末，终于在妈妈的焦急期盼中，到来了。

五天，整整五天，妈妈忍受着巨大的心灵折磨，没有一次送小星星去幼儿园，也没有一次去接小星星回家。妈妈知道，在小家伙还不认同新环境的时候，大人的态度应该异常坚定，否则的话，只能徒然给小孩子造成更多的麻烦。

周六的上午，妈妈早早地就来到了小星星的幼儿园。透过银灰色的栅栏，妈妈看见，幼儿园的阿姨，带着一群可爱的小孩子，正往国旗台那儿走呢。小星星走在最后边，像个可爱的小猫熊，努力地想跟上伙伴们——她在那些孩子中，是最小的一个啦。

妈妈的泪水，没有原因地流了下来。

园门被打开的时候，妈妈第一个冲进园里，飞快地向小星星的教室跑去。妈妈虽然没有来送过小星星，但是，在爸爸的描述中，她已经无数次到过二楼最西边的这间教室了。

妈妈出现在门口的时候，一个阿姨，正一手牵着一个大声哭泣的小娃娃，嘴里不住地哄着。而小星星，正踩着一只小塑料凳子，小心地从架子上拿下她的书包。

"妈妈？！"

转过身来的小星星，吃惊地瞪圆了眼睛。因为，出现在门口的，一直就是爸爸的影子啊。

"妈妈！今天，我又没哭！"

确定站在门口的，就是自己亲爱的妈妈之后，小星星骄傲地挺起小胸膛，响亮地喊了起来。然而，随着这一声稚嫩的喊声，妈妈看见，大颗大颗的晶莹的泪水，从小星星已经瘦了一圈的小脸上，无声地滚落下来……

幼儿园的阿姨走过来，带着欣慰的神情说："这个孩子，是四十多个新生中，唯一一个从来没有哭过的！"

把小星星抱到摩托车上，妈妈小心地骑上去。带着心爱的女儿，缓缓行驶在九月的阳光下，凉爽的风，怜爱地抚摩着小星星稚气的面颊。

妈妈知道，在将来，无论环境再怎么变化，那种忍住不哭的性格，将会一直跟随着这颗小小的、可爱的星星了。

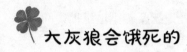

大灰狼会饿死的

听故事，这大概是每一个孩子都喜欢的一项活动了吧，小星星也是这样子的。

大约从一周岁开始，小星星就跟故事结下了不解之缘。

夜晚，累了一天的妈妈，已经无法再给小星星讲故事了，只能借助磁带来帮忙啦。妈妈跑到书店里，几乎将书店里所有适合幼儿听的故事磁带都带回了家。

爸爸很好笑地看着妈妈，还有那些磁带，他可能觉得，这么点儿的小人儿，一盘磁带就可以听好长时间的，用得着这么"兴师动众"吗？妈妈不理睬爸爸，将那些磁带一盘盘剥开包装纸，放进录音机里，仔细地听了起来。

爸爸看看妈妈，非常不理解地皱起眉头，小声地说："嗨，是给孩子听呢，还是自己想过过故事瘾呢？"

当然不是想自己过故事瘾啦。

妈妈一边认真地倾听，一边得意地微笑着，故意跟爸爸捉迷藏。

"嗨，小星星根本就没在听呢，倒是把你自己吸引住啦。"爸爸终于忍不住了，看看正起劲地玩着积木的女儿，有些哭笑不得地说。

"知道啦。"妈妈一边回答，一边又换上一盘新磁带。

小星星依然无动于衷地玩着自己的游戏，似乎什么都没听到。

爸爸有些失望了，不再管妈妈的事情，起身为小星星煮盐水虾去了。

妈妈觉得爸爸真有意思，他根本就不知道，在妈妈买来的磁带中，有好些故事内容，并不适合小星星这个年龄听，而且，还有些故事，是磁带制作商人，为了赚钱而粗制滥造的，不仅内容很不合适孩子，讲故事的人甚至连普通话都说不准呢。要是妈妈不把这些滥竽充数的磁带挑拣出来，让小星星无意中听到了，那才是不得了呢。

妈妈还有一个小想法，那就是希望小星星通过无意识的倾听，选择出自己喜欢的故事来。不过，看看小星星玩耍时那副专注的神情，妈妈也不禁有些担心起来。

小星星会不会在听呢？妈妈的心里，一点底气都没有。如果像爸爸说的那样，可就糟糕啦。

磁带已经换到第三盘了，小星星仍然在玩她自己的游戏，一会儿把小芭比娃娃的衣服脱掉，一会儿又穿上，还乐此不疲地将小澡盆从角落里拖出来，看样子，是准备给她的小娃娃洗澡呢。

妈妈的担忧越来越重。第一次做妈妈的人，对于教育孩子，只能是摸着石头过河，心里真是不知道下一步该怎么做了。

爸爸的盐水虾，早已经出锅啦，正在餐桌前，积极地筹备着吃饭的事情，还不时地拿眼睛瞟着妈妈，似乎在说："哈哈，人家根本就不听呢，瞎起劲个啥哩！"

换上第四盘磁带，妈妈有些松懈了，心里暗暗地想着：要是小星星仍然没有表现出对哪个故事感兴趣，那么，这个计划看来就实现不下去了。妈妈一边想一边仔细地观察着小星星的表情。小姑娘认真地玩着游戏，嘴巴一会儿噘起来，弄出大象的样子，一会儿又像小狗一样，撅起小屁股，趴在地上"汪汪汪汪"地乱叫一气。

唉，看来，爸爸说得没错，那小东西根本就没在听……

一种遗憾的情绪，笼罩上妈妈的心头。难道，小星星不像其他的孩子一样，对故事有感觉吗？还是小家伙还太小，对那些动人的故事理解不了呢？如果是后一种猜测，妈妈觉得只要再大一些，这个计划，仍然可以继续实施的，但要是前一种情况，可就糟糕啦。妈妈想象不出来，一个不喜欢听故事的孩子，该怎样对她进行母语的熏陶呢？

"吃饭啦，虾要凉了！"爸爸终于失去了耐心，大声喊了起来。

然而，随着爸爸的喊声，小星星突然哇的一声哭了起来！

"怎么啦小宝贝？碰着哪儿啦？"爸爸顾不上吃饭了，急忙冲过来，一下抱起小东西，这儿看看，那儿摸摸，比他自己磕着碰着要着急多了。

"咱们不听故事了，妈妈抱抱……"妈妈也慌了，关上录音机，也跑过来。

"妈妈，大灰狼会饿死的！"小星星抽噎着，哭得真伤心啊。

大灰狼会饿死的？

爸爸和妈妈同时抬起了头，爸爸的眼神里满是惊奇，妈妈的眼睛里充满了惊喜。原来，这小家伙一直在听故事啊！

妈妈赶紧找出第三盘磁带，那上边，有《三只小猪盖房子》的故事，而故事里的大灰狼，因为阴谋没有得逞，最后只能灰溜溜地逃走啦。小星星显然是听见爸爸喊她吃饭，才想起了那只可怜的大灰狼吧？

妈妈把那盘磁带重新放进录音机，《三只小猪盖房子》的故事又响了起来。

"宝宝，大灰狼可坏啦，它要把小猪猪吃掉呢！"妈妈看一眼爸爸，有些得意扬扬地说。

"可是，妈妈，大灰狼吃不到小猪猪，不是会饿死吗？"

小星星一边抽泣，一边很仔细地倾听着磁带里传来的可怕的大灰狼的叫声。看上去，她一点儿都不害怕，反而很担忧的样子。

是呀，大灰狼虽然很坏，可是，吃不到食物，不是会饿死的吗？妈妈只想这让小宝宝懂得躲避危险的事物，可是，这个问题却忽略了。现在，小星星突然冒出这样的问题来，简直让妈妈措手不及啊。

妈妈想了想，把小星星搂在怀里，给她擦掉泪水，一边拍抚着她的小脊背，一边缓慢地说："吃不到小猪猪，大灰狼肯定会饿死的，所以啊，它才那么努力地想办法呢。可是，小猪猪要是被大灰狼吃掉了，就永远见不到妈妈和兄弟姐妹啦。因此啊，小猪猪就努力地想办法，不让大灰狼吃掉。如果哪一方不积极努力地想办法呢，就面临着很大很大的危险，所以呀，小星星遇到了事情，也要积极努力地想办法来解决哟！"

小星星似懂非懂地望着妈妈，很久很久，才点着小脑袋，认真地说："妈妈，我不哭啦，大灰狼如果吃不到小猪猪饿死了，那是因为它不如小猪猪积极努力，是吗？那我要给大灰狼加油，让它下次一定更加积极努力，千万别饿死了呀。"

小星星说完，挣脱开妈妈的怀抱，蹒跚地跑到录音机前，对着录音机大声喊了起来："大灰狼，加油！大灰狼，加油！"

小星星喊完了，似乎又想起了什么，对着录音机又喊道："小猪猪，快跑呀，小猪猪，加油呀……"

望着小星星起劲的样子，妈妈不禁在心里感叹：这个世界上，还有什么比孩子的心，更公平、更善良的呢？

毛毛是个好孩子

　　院子里有许多小孩子，大的有十几岁，小的才只有几岁。这些小孩子中，像小星星这样的女孩子，大约有十几个吧，她们一放了学，书包还来不及放下，立刻就团团围在一起，叽叽喳喳地说个没完了。

　　小星星在这些孩子中，是年龄最小的一个了。每次人家一跑起来，小星星总是像只小皮球一样，竭力地想跟上步伐，可是，每一次，都是差那么几步，落到最后边。

　　每当这个时候，爸爸就很是担忧。

　　"老是这么跟不上大孩子，会不会给她的心理造成一种弱势呢？"

　　的确，这是个值得考虑的问题。

　　可是，那小家伙偏偏就喜欢跟大孩子一起玩，如果大人稍微干涉一下，立刻就噘起小嘴巴，不乐意地大声反抗："妈妈，我都六岁啦，我一定能跟上她们的！"

　　听着小星星斩钉截铁的理由，妈妈也只好由她了。

　　那天下午，小星星又跟在几个大姐姐后边，到院子东边的一个鱼塘边去玩了。在她们的后边，一只叫作毛毛的小狗，也煞有介事地摇晃着尾巴，一蹦一跳地跟随着。

鱼塘里的水不是很深，也很清澈，所以，那些小小的鱼儿，很清楚地就映现在孩子们的眼前了。

"嘀，好好玩的小鱼宝宝！"不知道是谁喊了一声。

"咱们捞几条上来吧。"又一个小孩子提出了新的建议。

孩子们立刻兴奋起来，围着鱼塘不停地转着圈圈。可是，用什么当作捞鱼的工具呢？孩子们愁眉苦脸地互相望着，谁也想不出好办法。

"嗨，那边不是有很多砖头吗？咱们把砖头搬过来，一块一块摞到水里，然后，人站在水里的砖头上，不就可以捞到小鱼宝宝了吗？"一个年龄大些的女孩子终于想出了办法。

于是，孩子们发一声喊，一窝蜂地拥了去，嗨哟嗨哟地搬起了砖头，连小狗毛毛也不甘示弱，跟在后边屁颠屁颠地忙活着。

很快地，那些砖头就被孩子们搬到了鱼塘里，并且在水中真的垒起了一块小小的"陆地"。

这个时候，看门的老爷爷午休醒来了，一睁眼，看见了那群正手拉着手，准备下水去捞鱼宝宝的小麻雀。

"哎呀，你们这是干什么呀？"老爷爷急了，拉开门就跑了过来。

孩子们一看，撒开两腿，一眨眼就跑没影儿啦。

小星星跟在那些孩子后边，跑得上气不接下气，可是，却一步都不肯落下。终于，她们跑到了认为安全的地方，停了下来。然后，互相指着对方，笑得浑身乱颤。小星星不知道大家为什么笑，但是，看到人家都笑得那么开心，自己也便跟着傻笑起来。

妈妈去找小星星的时候，那些小孩子正盘腿坐在乒乓球台上，两个一组做"你拍一我拍一"的游戏呢。小星星也坐在那里，正跟一个五年级的大姐姐玩得不亦乐乎。

小狗毛毛跳不到乒乓球台上，只好在地上围着球台不停地转着圈子，还不时着急地发出"呜呜"的怒吼声。

妈妈的出现，给了小狗毛毛一个发威的机会，只见它猛地拱起脊背，瞪圆了两只眼睛，威风凛凛地望着眼前的陌生人。

妈妈吃了一惊，身不由己地倒退了两步。她打小就胆子小，对那些孩子们喜欢的小猫啊、小狗啊，一向不敢接近，长大了，一见到那些小动物，仍然还是心惊肉跳的。现在，被小狗毛毛这样虎视眈眈地盯着，她自然很是害怕，忍不住大声喊了起来。

可是，这一喊，却激起了小狗毛毛的愤怒。它也退后两步，更加威风地盯紧了眼前这个大人，嘴巴里不时发出冲锋号一般的呜呜声。

天哪，小星星跟这样可怕的小狗一起玩，不会受到什么伤害吧？

妈妈心里一紧张，手就开始抖起来了，想喊小星星，可是又喊不出来。

妈妈和小狗紧张地对视了好久，正在兴头上的小星星，居然一点儿都没发现，还在跟那个大姐姐不停地拍着小手掌。

终于，一个小女孩发现了妈妈的困境，忽然一下跳下球台，冲着小狗毛毛飞跑过去，然后，举起脚来，准备给那个不懂礼貌的小家伙一下子。

呵呵，总算有人给解围啦！

妈妈抬起胳膊，擦一把额头的汗水，感激地望着那个小女孩儿。

可是，这时候，小星星也突然一下跳了下来，速度惊人地冲向那个小女孩儿，一边跑，一边还焦急地喊叫着："晨熹你别踢毛毛，毛毛是个好孩子呀！"

那个小女孩听见有人喊，抬头看了看，见是小星星，立刻皱着眉头说："毛毛是我家的小狗，我喜欢踢它，你管得着吗？"

小星星已经跑到了毛毛的身边，伸出细瘦的小胳膊，将毛毛圈在怀里，保护起来。

"你放开它，它是我家的！"

小女孩很生气，伸手扒拉着小星星的胳膊。而小狗毛毛显然也不愿意有人把它圈起来，在小星星的怀里挣扎着，想挣脱掉。

"可是，毛毛是个好孩子的，你不能打它吧？'拍手歌'里说过的，人和动物是朋友，你不可以打它，是吗？"

小星星一边费力地圈着毛毛，一边抬起头，乞求地望着居高临下的大姐姐。

"可它是我家养的狗，我想踢它用不着你来管吧？！"那小女孩脾气很倔强的，三下两下就把小星星的胳膊扒拉开了，然后，像是表演一样，抬起穿了小皮鞋的脚，猛地踢在了毛毛的屁股上。

受了袭击的毛毛，哀伤地叫着跑开了，站在远远的地方，可怜巴巴地望着它的小主人。

小星星惊恐地看看大姐姐，再看看远处的毛毛，不知该怎么办了。

妈妈亲眼看到了这一幕，感叹着走过去，把小星星搂在怀里。

见妈妈来了，小星星一头拱进妈妈怀中，开始小声地抽泣。一边还断断续续地为毛毛争辩着："毛毛……是个好……孩子……"

妈妈早就忘记了，刚刚被那只叫作毛毛的小狗惊吓的事情，只是紧紧地搂着小星星，轻轻地拍打着她的脊背。

那天夜里，熟睡中的小星星，突然口齿不清地喊了起来："毛毛……是个好孩子，别打它啊……"

望着睫毛上还挂着泪珠的小星星，妈妈突然就原谅了那只小狗。

在这个世界上，还有什么比"善良"两个字更为宝贵呢？

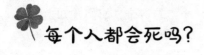

每个人都会死吗?

晚上八点,小星星洗刷完毕之后,对着妈妈的耳朵小声说:"妈妈,今天晚上,可不可以陪我一起睡觉啊?"

"当然可以啊。"妈妈很痛快地答应了,"可是,为什么呢?小星星一向都是自己睡觉的啊。"

小星星昂着脑袋,想了想,嘴巴俯到妈妈耳朵边,很神秘的样子。

"我有问题要问你啊。"

躺到床上之后,小星星双手支着脑袋,睁着乌溜溜的大眼睛,一眨不眨地望着妈妈。妈妈静静地躺着,等着小星星的"问题"。

过了好一会儿,小星星突然叹了口气,像个大人似的把头埋进了枕头里。

妈妈感到非常奇怪,不由得伸手摸了摸小星星的脑袋,这个刚刚才六岁的小人儿,兴许有什么心事呢。

"妈妈,是不是每个人都要死啊?"

小星星抬起头来,目不转睛地盯着妈妈,很突兀地问。

"是啊,人,都是要死的啊。"

妈妈惊讶极了,想不到小星星要问的,是这么一个连大人都难以解释清楚的问题,她感觉到今晚的小星星有些异常。

"也就是说,你和爸爸,有一天也会死的,是不是呢?"

"当然啦,爸爸妈妈有一天也是会死的。"

妈妈觉得口有些干，说出来的话干巴巴的，可是又不知道怎样才能让语言变得丰满一些，只好等着小星星的下一个问题。通常，小星星一问起问题来，就会没完没了，一个接着一个，妈妈是知道她这个特点的。

可是，出乎意料的是，小星星听完了妈妈的回答后，又发出了一声沉重的叹息，然后，就又把脑袋埋进了枕头里，而且还把被子用力地向上拉，一直将自己完全盖起来。看上去，她似乎有些害冷的样子。

妈妈担心地伸手去摸小星星的小脸，想试试她是否不舒服，可是，让她吃惊的是，她的手上沾满了小星星的泪水！

这个小小的人儿，居然悄悄地哭了！为什么呢？

妈妈没有说话，只是轻轻地将小星星的脑袋揽进怀里，轻轻地拍抚着。也许，这小东西是在学校里受到什么委屈了吧？

小星星把脑袋埋进妈妈的怀里，哭了好一会儿。终于，她可能觉得该停止了，于是抬起头，用很重的鼻音继续问："妈妈，要是你和爸爸在我还没长大的时候就死掉了，我该到哪里去找爸爸妈妈啊？"

呵呵，这小家伙，原来是担心这个问题。

妈妈仍然一下一下地拍抚着小星星的脊背，慢悠悠地说："这个问题不用担心啦，妈妈既然把你生下来了，就一定要把你养到足够大嘛，你看，妈妈现在不是很健康？"

小星星突然一骨碌爬起来，睁着大眼睛严肃地望着妈妈："妈妈，您说话算数吗？来，咱们勾勾手！"说着就迅速地伸出右手小指，不由分说钩住了妈妈的，一边用力摇晃，一边奶声奶气地宣布，"拉钩上吊，一百年不许变！"

"可是……"

妈妈觉得有什么东西堵着喉咙口，生与死，是人生多么沉重的话题啊，而且，在这个充满变数的世界上，谁可以确定，自己的生命什么时候开始，又在什么时候结束呢？就在不久前，她的一个同学，被确诊为乳腺癌，而那个同学的孩子，也不过像小星星一样大吧。可是，这些问题，应该怎样跟小星星才能解释清楚呢？她那么严肃地以为，只要妈妈答应了的事情，就一定会做到的，她哪里知道，有一些事情，即使妈妈答应下来，也是不可能做到的，比如生，比如死……

其实，小孩子也是应该知道一些事情的真相吧？妈妈犹豫着，不敢确定，接下来该怎么向这纯洁的小人儿解释了。

"好了，我的问题问完了，晚安妈妈！"

小星星打了个哈欠，向妈妈道了晚安，心满意足地躺下去了。

妈妈仍然挣扎在三八线上，不确定该怎样给孩子一个更明晰的回答。

"可是……即使……即使妈妈有一天真的死去了，我是说，假如，在你，还没有长大的时候。只要你心里记着妈妈，那么，妈妈不是也仍然像活着一样吗？"

终于下定了决心。跟一个六岁的小儿谈论死亡的事情，虽然有些残酷，但是，妈妈不想在将来的某一天，让亲爱的女儿说妈妈撒谎，因为，总有一天，这小小的人儿会明白死亡的真相。也许，在开始就让小家伙明白，要比等到她自己发现真相的时候，更容易接受一些吧？谁知道呢？

小星星显然没想到，妈妈会在做完回答之后又来了个"可是……"。她认真地听着妈妈把话说完，然后，又是长久的沉默。

"妈妈，你是说，你会永远活在我的心里，对吗？可是……我还是有些害怕。"

沉默的小星星终于开口了，这一次，妈妈发现，口干的不是自己，而是眼前这叫人怜爱的小人儿了。妈妈在心中默默地叹了口气，手指一下一下地划着女儿黑亮的短发，另一只手，紧紧地攥住小家伙的小手。

"妈妈，要是有一天，我也死了，怎么办呢？"

被妈妈攥住的那只小手，已经开始轻微地颤抖了。小星星可怜巴巴地仰着大脑袋，眼神是那么无助，那么让人不忍心再说什么。

这一刻，妈妈的心中，别提有多么心酸了。可是，事情已经开始了，就应该有个良好的结束，不是吗？

"星星宝贝，"妈妈故意用一种轻松的语气，并且在小星星的名字后边，加了表示宠爱的两个字，"如果有一天，我们的小星星宝贝也死去了，那么，你就会活在你的宝宝心中啦。"

"真的吗？"

"那当然啦，妈妈从来都不说谎话的，是不是？"

小星星很认真地点了点头："嗯，应该是这样的吧？你死了，活在我的心中，我死了，活在我宝宝的心中，我的宝宝要是也死了呢，那就活在我的宝宝的宝宝的心中，这样的话，妈妈就永远都不会死啦，是这样的吗？"

"是啊是啊，星星宝宝真聪明啊！妈妈，是永远、永远、永远都不会死的，因为妈妈会生宝宝，宝宝长大了也要生自己的宝宝……这样一来，宝宝就不用担心死的事情啦，是不是呢？"

"那当然啦！"

这一次，是小星星斩钉截铁地回答了妈妈，而且，是笑容灿烂地说这话了。

"还有问题吗？"

望着小家伙释然的表情，妈妈心头的巨石终于放下了。

"不好意思啊妈妈，还有一个问题呢。"小星星有些羞愧地做了个鬼脸，"妈妈，我们俩已经聊了多长时间的天儿啦？"

"嗯，差不多有五十多分钟了吧。"

"我没按时睡觉，是不是就不算好孩子啦？要是爸爸知道了，会不会吵我们呢？"

"当然不是，小星星一直都是个好孩子，今天晚上睡晚了，是因为我们在讨论很重大、很重大的问题。爸爸要是知道，小星星用这么短的时间，弄明白了人生中最重大的问题，他也一定会非常高兴哟。"

"比按时睡觉还重大的问题，是不是？"

"是啊，比按时睡觉重大多啦。"

"哦，妈妈，你说，世界上还有没有比你更好的妈妈呢？"

"你说呢？"

"我觉得没有了。你是世界上最好、最好的妈妈了！"

"在妈妈的眼里，你也是世界上最棒、最棒、最棒的宝宝哟。"

"可是，妈妈，我觉得我做得还不够好，我有时候老惹你生气呢，以前，我惹你生的那些气，现在还生吗妈妈？"

"早就不生啦，宝宝越来越懂事，又这么聪明，妈妈怎么会真的生气呢？"

小星星听妈妈这么说，长长地呼出一口气，由衷地笑了："书上说，人要是生多了气，就会老得很快呢。所以，我想，要是我忍不住让妈妈生多了气，妈妈不是很快就老掉了吗？所以，我以后一定会小心些，不让妈妈多生气啦。而且，不生气是不是就可以活得更长一些时间，对吗妈妈？"

"小星星说得真好！"

"哦，妈妈，现在几点啦？"

妈妈借着室外的光亮，看了看手表："已经九点了，宝宝是不是该睡了呢？"

"我们躺下的时候，是八点，哇，我们终于聊了一个小时的天儿啦！晚安妈妈，这次我可是真的要睡喽。"

小星星说着，把被子裹紧，轻轻地闭上了眼睛。

不到一分钟的时间，妈妈就听见了小星星均匀的呼吸声——那小家伙已经安然入睡啦。

想来，今夜，小星星嫩绿色的梦境中，会充满甜蜜和安宁吧？！

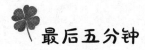
最后五分钟

马虎大意，这应该是小孩子的通病吧？根据妈妈对几十个家长的了解，似乎每一家的小孩子，都存在着"马虎大意"的毛病，甚至那些老师，一谈起孩子来，最常挂在嘴边的一句话就是：这孩子聪明是很聪明，就是太马虎大意啦！

其实呢，我们做大人的，又何尝没有马虎大意的时候呢？丢三落四、骑驴找驴的事情，应该每一个人的身上，都是发生过的吧？那么，为什么就不可以允许小孩子马虎一些、大意一点儿呢？

儿童心理学上说，儿童的注意力分配还很不均匀，往往对那些感兴趣的事情注意得多些，而且，孩子注意力的持久性，也没办法像大人一样的。因为，孩子的天性中，好玩儿的成分太多，所以，近年来，小学课本开始配置彩色插图。设计的版式，也是跟孩子的好玩儿天性相接近。想来，那些专家们早就意识到这个问题了吧。

小星星刚开始上学的时候，也经常遇到因为马虎大意造成的麻烦。据妈妈的不完全统计，小星星在一年级的时候，最起码丢掉了七只水壶，每天都要削好五支新铅笔，以备不时之需。因为那小家伙早入学一年，而且生日（2000 年 6 月 30 日，差一点儿就跟我们的党同一天诞生啦）又小，即使足岁入学，也应该是同学中年龄最小的了。所以，虽然有时候，妈妈难免也心疼那些崭新的水壶——一只都要五六十块人民币哪。不过，好在妈妈知道这是一个过程，所以也没有太为难小家伙，只是每次丢掉了水壶，妈妈都会认真地告诉她："下次要记住，不要再丢啦。"

可是，妈妈的叮嘱，并没有起太大的作用，水壶仍然照丢。当丢到第五个水壶的时候，妈妈开始害怕了：这样下去，连小东西怕是都会坚持不下去，从而失去自信心的。所以，妈妈及时地调整了"战略方针"，不再强调"下次要记住"的事情，而是告诉她："小宝贝，只要你这只水壶，能够坚持使用一个星期，那么，你就已经战胜了自己，成为一个克服了马虎大意的小学生啦。"

这个调整还是有作用的，第六只水壶，小星星整整使用了两个星期才丢掉，而且后来才弄明白，那只水壶，是她的数学老师不小心，从窗台上给它推到楼下的花草丛中了，所以，当时没有找到。后来，当她拿着那只已经跌瘪了盖子的水壶，回到家里的时候，妈妈又重新给她买了一个水壶，并且跟她说："你已经做到了坚持下去，所以，你已经离开了马虎大意！"

小星星眨巴着大眼睛，很认真地看着妈妈，突然问道："妈妈，你是说，做事情，只要坚持下去，就一定能克服困难的，对吗？"

呵呵，小家伙不愧是小学一年级的学生了，知道对问题要深入思考啦。

妈妈连忙使劲点着头，满脸微笑地说："对呀小宝贝，哪怕只剩下最后五分钟，也一定要坚持下去，只有坚持，你才能有机会赢得新的机会啊。"

小星星若有所思地昂着小脑袋，思索了一会儿，然后，跑到自己的卧室里，从书包里取出一张试卷，蹙起小眉头，仔细地看着。

妈妈走过去，站在旁边看了看，小星星的试卷，应该说相当整洁了，而且，错题非常少，除了一道加法题看成了减法，算错了之外，就再也没有错题目了。试卷的最上方，老师用红笔写了个鲜红的"98"分。

　　妈妈轻轻地鼓起掌来。

　　对于一个五岁的孩子，做到这一点，已经相当不容易了，不是吗？

　　可是，小星星的脸上，不但没有喜色，反而有些沮丧的神气。

　　这是为什么呢？妈妈有些百思不得其解了。

　　"妈妈，这张试卷上，还有一道附加题呢！"小星星说着，将试卷翻过来。

　　妈妈看到，在试卷的最后边，那道附加题目之上，老师很严肃地画了个"？"，意思应该是说："为什么没有做？"妈妈看看那道附加题，再看看小星星沮丧的面容，故意安慰她说："宝贝，虽然附加题没有做完，可是，妈妈知道，你已经坚持了，对吗？"

　　"可是，我们班有好几个同学，附加题都做上了的！"小星星很委屈的样子，眼睛很迷惑地望着那道题目，"我做到这里的时候，老师说，只剩下最后五分钟了，要我们赶快检查一下，有没有漏掉班级和姓名。我一着急，手心里全是汗水，好像脑子里也流出汗水来了。我连忙翻看班级姓名，发现早就写好了，可是再回来做这道题的时候，不知道为什么，就一点信心也没有了，所以……"

　　小星星说完之后，几乎要哭出来了。

　　最后五分钟！妈妈也是做老师的，每次考试，学校都是要求，在最后五分钟提醒学生，核对一下是否忘记写班级姓名，这是常规教学中应该培养的一种习惯，小星星的老师，做得一点儿都没错。

那么，小星星核对好了班级姓名之后，仍然还是有时间思考那道题目的，可是，为什么她会出现"再也没有信心"的状况呢？妈妈又仔细地分析了一下那道附加题，对于一年级的小孩子来说，填九宫格子，的确有些难了，可是，小星星平时也是做过这类训练的，按说不应该出现失掉自信的现象呀。那么，究竟是什么原因呢？

　　妈妈沉吟了一会儿，那些关于"坚持"的格言警句一下子涌入脑海："生活就像海洋，只有意志坚强的人，才能到达彼岸。""古之立大事者，不唯有超世之才，亦必有坚忍不拔之志。"……

　　是的，"绳锯木断，水滴石穿""不积跬步，无以至千里"，这浅显的道理谁都明白，但真正能做到的却不多，很多人，刚开始时大志凌云，很有不达目的不罢休的英雄气概，可慢慢地，遇到了阻力，他们在时间的消磨中开始放弃。前进道路上的困难，在许多人看来，只是"山穷水尽"，却不知再坚持一下，便可以"柳暗花明"；人生天空的不测风云，在许多人看来只是"狂风暴雨"，却不知再坚持一下便是美丽彩虹。

　　"无限风光在险峰"，也只有经历过披荆斩棘、跋山涉水，才能收获那份沉甸甸的胜利喜悦。很多时候，失败与成功只有一步之遥。"贵在坚持、难在坚持、成在坚持。"

　　可是，这些大道理，怎么能够在一时之间，让一个五岁的孩子弄明白呢？妈妈思考了好一会儿，握住小星星的手，妈妈发现，那只小小的手掌里，又已经满是汗水了。这一下，妈妈的脑海里豁然开朗：小星星缺乏的，并不是坚持到底的意志，而是因为心理的紧张！"最后五分钟"，多么残酷的时间限制！即使是成年人，面对那种状况，怕是也难不产生紧张心理的吧？

　　想到了这一点，妈妈微笑着对小星星说："小宝贝，现在，妈妈给你足够的时间，认真思考，你一定能够思考出这道题目来的，即使思考不出来，也不要紧，妈妈会始终支持你的！记住，你有足够的时间可以思考！"

　　小星星想了想，低下头，认真地思考了起来。只用了不到三分钟的时间，那道附加题就被她算出来啦！

　　"祝贺你，亲爱的小星星，你才用了三分钟！"

　　"啊？真的吗？可是，为什么考试的时候我就做不出来呢？"小星星百思不得其解的样子，挠着头皮，半是得意，半是疑惑地问妈妈。

　　"妈妈现在告诉你一个秘密！"妈妈故意装出一副神秘的样子说，"这是中国最有名的北京大学一位教授告诉妈妈的，他说，在考试只剩下最后几分钟的时候，要深呼吸，连续做三次，然后再继续做题，那时候，你的大脑就是一把最锐利的斧头，无论遇到什么样的难题，只要深呼吸，然后坚持思考，就完全能够解决！"

　　为了让小星星深信不疑，妈妈在撒这个善意的谎言时，故意说得非常严肃，一本正经，斩钉截铁，煞有介事。

　　"是真的吗？"

　　妈妈看到，小星星的眸子里，充满了惊喜的光芒。

　　第三天下午放学之后，门刚一打开，小星星就举着一张试卷，兴高采烈地一头扑进了妈妈的怀抱。

　　"妈妈，您说得没错，最后五分钟，我把附加题做出来啦！"

　　望着试卷上，老师特意画上去的一个大大的笑脸，还有鲜红的

"100+10"分，妈妈明白，小星星已经不再害怕那"最后五分钟"的"威胁"啦。

是的，顽强的毅力，坚韧不拔的精神，固然可以征服世界上任何一座高峰。可是，当一个人的心理，处于一种极度紧张的状态中，那么，"坚持"的动力，又从何而来呢？

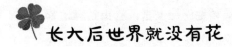

长大后世界就没有花

　　武林老师要编写一套"纯美青春屋"校园小说集，受命给伍美珍老师的音乐小说《云烟》写一点东西，接受任务之后，有点战战兢兢，因为从来没有写过这类的东西，怕糟蹋了伍老师的文字。仔细读过小说之后，感觉还是有话要说的，于是便产生了以下文字。是为记。

　　这个春天，像在夜间静静绽放的昙花，毫不张扬而又略带矜持地来了。来得有些猝不及防。在这个万籁俱寂的夜晚，独自坐在一重一重的黑暗中，读着《云烟》里那些凄美的文字，那些年少轻狂的岁月便顺着它熠熠的光辉慢慢展开。

　　圆润的雨滴敲打这一颗疲惫的心灵，将沉睡的思维唤醒。

　　幽兰盛开的杯子里，飘出缕缕雾一样的茶香，静静的，暖暖的。其实，此时此刻，喝不喝茶已经不那么重要，只是觉得这份忧伤的心情需要一种东西润滑。

　　窗外的天幕上，无星无月。许是星月也让岁月烦扰得累了，难得这样一个清静的夜来承载她们的疲劳。

　　这样的夜晚，一个人闲坐着，有点傻傻的感觉。似乎需要来点儿音乐填充空荡荡的心灵。然而，因了《云烟》，今夜却没有倾听音乐的兴致。

　　不知从什么时候开始，心退出了季节的轮回，不再有凄风苦雨的侵袭，不再有伤感的情怀，不再有冰凝的泪滴。人是越来越懒散，心灵是越来越孤独。在繁忙得连饭都顾不上好好吃的庸庸岁月里，突然就会有一种莫名其妙的渺茫感紧紧地缠绕上来，从头到脚地紧缚着，勒得人喘不过气来。灵魂在迷惘的岁月里找不到方向，也找不到曾经的任何印迹。整个人似乎刚刚因感染了病毒而被格式化的硬盘，了无内容又很无助无奈。只好自我解嘲地坚信那是一种解脱，是一种岁月的洗礼。可是，在雨中呐喊真的可以抵挡身旁的风风雨雨吗？

盘点起存储在岁月深处的桩桩件件，是如此幼稚，又是如此迷人，谈不上肯定什么，更没有否定什么的勇气。毕竟那些日子都从自己的身边闪过。不想让岁月重来，即使重来，思量着以自己凡妇俗女的这点心智，也仍然会一如既往地一塌糊涂。唯愿将那些日子像梦一样在心中被装订成册，等着今夜这样的时候慢慢翻一翻。浪漫的情怀，傻傻的青春，也变成了多彩的封面，似生命奏响的音符，热切而真挚。

不知道为什么，读这篇小说，我总是把里边的主人公跟自己混为一谈，跟我教过的每一位学生混为一谈。就在今天，我的一位学生在QQ上问我："老师，我喜欢上了咱班的一个女同学，请您教我一个办法，让我把她忘记掉……"我斟酌了好久，踌躇了好久，终于还是敲下了这样一行字来回答他："干吗要忘记呢？只要她值得你喜欢，那就把她深藏在心中，让她成为你努力向上的动力，让自己越来越强大，只有这样，你才能久远地保护那份纯真的感情。"他很快就回话说："老师，说实话，我是做好了挨批的准备，才跟您谈这件事的，我原本以为您会对我大发雷霆，可是，没想到您会这么说。老师，我明白了，喜欢一个人不需要刻意忘记，而是将她变成一种动力！"

　　是的，谁没有经历过对异性的向往与热爱？谁没有过那种美好朦胧的情愫？读《云烟》，我总觉得这不是一篇小说，而是一篇散文，一篇写你，写我，写他心路历程的散文。真实，滴沥着青春少年淡淡的忧伤，体悟到年少岁月里幼笋般的脆弱和梦醒后青春的惆怅。

　　借着《云烟》营造的气氛，将年少的足迹重温一遍，想着那些如梦的岁月和充满其中的许多遐想，它们演绎的仅仅是一个个没有结尾的故事吗？

　　如玉的雨滴仍然悠闲地落着，我坐在一重一重的黑暗里，独自咀嚼着翠绿的往事。茫远的感觉像青藤一样，攀缘着这个干净的春天一匝一匝地绕上来。小时候，不懂得日子的可怕，总是追着四季的脚步向往长大。长大后，终于明白日子是一个阴险的老巫婆，张着她的大口，将纯洁和美好吞噬。真的不想长大，因为长大后世界就没有花。

　　那枚银戒指仍然闪着年轻的光芒，而赠送的人和被赠的人却都已不再年轻。

　　握住杯子的手指已经同杯中的水一样冰冷了。心绪却依旧沉浸在文字营造的氛围中难以回归。也许往事如烟，岁月无痕，但当往事渗透到一个人的灵魂深处时，我想，任何人都不能轻易地抹掉，更无法轻易地忘记。

打开瑰丽的想象之门

　　很早就知道丹飞要做刊物了，是以玄幻为主的，但一直不知道刊物的名字。昨天得知刊物名字叫作《吹灯录》，由著名作家天下霸唱担纲主编。当时就想到一个时下流行的词语：震撼！震撼之余，欣然接受丹飞"命令"，写下如下感受。

　　我的老家在莒县，古称"莒州"，是春秋时期莒国都城所在。那是一个充满了传奇色彩的小城，历史悠久，名胜荟萃，文化瑰丽。商代为姑幕国，周为莒子国，秦始为县，西汉初曾为郡，文帝二年在此置城阳国，隋又为州，后为州为县数度升降，1913年改州称县至今。

　　每次回老家，走在宽阔的马路上，我都会情不自禁地闭上眼睛，想象那时此地的样子，无奈有限的想象力阻遏了我穿越时间和空间的可能。在慨叹无法与祖先心灵相通的时候，总是禁不住盼望能从更多的文字中探寻彼时此地的奥秘，然而，遗憾的是，至今为止，除了一些文史资料，我仍然没有发现以此地古人为主角的能催生我想象力的文字。后来，看过一些玄幻、科幻类书籍之后，也曾想过尝试以玄幻的方式，在莒国古老的历史中纵横驰骋一番，无奈笔拙，又不擅长此类文体，故而只能不了了之，但内心却依旧时时产生一种好奇，一种追寻的冲动。

　　其实，不止于我，哪个人对自己的故土、对这个世界上曾经发生的那些事，不都是充满了探寻和追溯的欲望呢！昔日繁华的高昌故城，如今已是断壁残垣，岁月的风霜雨雪掩埋了多少秘密？位于"世界屋脊"之上的布达拉宫，气势宏伟，直探苍穹，撩开拂晓的雾霭，会发现多少神秘的传奇故事？位于黄沙古道的莫高窟，四百九十二个奇妙的洞窟中，究竟珍藏着多少艺术瑰宝？美国犹他州荒蛮的原野上，那架千百年永不消逝的彩虹桥，它是什么人雕琢而成？那真的是通往天堂之桥吗？古老的马托波人为何要在墓地上垒砌高高的石堆，是为了让祖先升入天堂吗？复活节岛上的巨石像究竟出自谁人之手？英国巨石阵是宇宙的庙宇，还是神圣的墓地？是原始人的天文台，还是地外文明的杰作？……江河湖海以她那博大的胸怀孕育了神奇而灿烂的文化，伟岸而庄严的名山大川给了我们腾跃千钧的力量，残垣断壁的没落与荒凉给予我们无限的猜测与遐思。千古的人类文明，充满了多少风云变幻、岁月风霜！当我们怀着崇敬的心情去探寻、去追溯的时候，那一层层神秘的面纱又令我们匪夷所思……

虽然历史已经无法复制，但总可以凭借奇伟瑰丽的想象，来重现当年的波诡云谲、神秘莫测，来丰富人们的视野，满足大家的好奇心。也许正是基于此，近年来才刮起一股股彪悍的玄幻风、穿越风、科幻风吧？在那些天上地下、东方西方、今人古人、魔怪神兽无所不有无所不包的小说中，最让我心仪和震撼的，要数科幻世界杂志社出版的刊物《科幻世界》了。这是一本深受广大青少年喜爱的杂志，我的一位学生在作文中写着：为了这片科幻园地，我失去了半月的菜钱。《科幻世界》使我们的生活中除了黑板、粉笔、书本外，还有一片广阔新奇的天地。另外一位学生在 QQ 上聊天的时候也提到：现在，我已升入高三，并成了快班中的一员，这都是科幻给我的动力。高三，就意味着最后的高考。现在，我不得已做了一只冬眠的熊，只有天气好时才可以出来吃一下东西，在天气转冷之前，我吃饱吃好（在暑假里看了许多科幻书籍），准备着度过这寒冷的冬季……由此可见，孩子们是多么喜欢这类书籍啊！

为什么孩子们如此痴迷于这类书籍？其中一个根本的原因，我想就是因为那种时间、空间、行为、思想等方面的最大自由。如果我们总是告诉孩子，天是圆的地是方的，海一定是蓝的而不是黑的，那么孩子们就没有了想象，若不告诉他，他反而有想象的空间，自由越多，想象的生存和发展越有可能。亚里士多德曾经说过："想象力是发明、发现及其他创造活动的源泉。"美国哲学家查尔斯也说过："想入非非是通向科学探索的必需的和首要的步骤。"一本有着丰富想象力的刊物，能带给孩子们多么神奇的力量啊！

然而，对于有着三亿多青少年的中国来说，仅此一本《科幻世界》，又怎么能满足大家狂热的需求呢？当听说多来多米文化公司与现代出版社联合打造，《鬼吹灯》作者、著名作家天下霸唱担纲主编的大型玄幻探险期刊《吹灯录》即将问世的时候，我觉得，对于酷爱读此类作品的人们来说，这无疑是一个振奋人心的福音。且不说天下霸唱的《鬼吹灯》系列创造了一个怎样的阅读奇迹，单是《鬼吹灯》被公认为东方的《夺宝奇兵》这件事，就很值得好好探究一番。《吹灯录》由《鬼吹灯》作者担任主编，由著名资深策划人丹飞操刀策划，再加上著名出版人臧永清的文韬武略，刊物品质如何，可以窥斑见豹了。

走笔至此，我突然想起闲时跟女儿一起看《奥特曼》碟片的时候，在《万圣节前夜》那部片子中，怪兽在万圣节前夜扮成老巫婆，将糖果分给孩子们，目的是要"拿走孩子们的梦想"！当时，我的心为之震颤：假如我们的梦想从孩子时期就被某种东西拿走了，这个世界的未来将会怎样？当我看到《吹灯录》那些精妙绝伦、想象力令人瞠目的插画时，我紧张的心情有了些微松弛。但愿这本刊物能够带领大家打开一扇瑰丽的想象之门，将被老巫婆偷走的梦想还回我们的心中，让我们在发现问题、分析未知、解决疑难中走得更远，更有动力。

拜访北六教授赵德明老师

　　文联一位老师的新书开作品讨论会——实际上是朋友们的小型聚会，地点就在赵德明教授的别墅里。会上，我算是正式认识了教授——之前其实就已经不止一次见过，但都没有交谈过。会上，不知谁把我前些日子出的一本书给带去了，于是大家开始传来传去地看，教授也拿过去很认真地翻了起来，并要我有时间给他送去一本。正想着请各位老师多给点批评建议呢，听赵教授这么说，便很愉快地答应了。可是，谁知道承诺了好些日子，居然一直没有抽出时间来去拜访——这个周末，无论如何得抽时间去拜访那位睿智的老人了。

　　于是周六下午匆匆驱车去了教授花园。

　　开门的正是教授本人。

　　没有虚伪的问候，没有客套的语言。

　　阿姨正在客厅里剁羊肉，她让我们一家人随便坐着，自己依旧从容地一点一点地切着肉片。

　　让女儿将书送给进了书房的教授，没想到女儿出来的时候，手里仍然捧着一摞书。随后，教授走出书房，诙谐地对安说："这本书给你，你读了就不会找情人啦。"

　　是教授翻译的《斯得格尔摩情人》。

　　安的脸一下子就红了——他是个粗人，不太适应儒雅的教授的玩笑呢。

教授又指着星星手中的那本书说："小姑娘，你长大了要做个勇敢的人哟。"

看过去，是教授翻译的伊莎贝尔·阿连德的《佐罗》。

那么，我的呢？

正纳闷着，教授刚刚出版的《巴尔加斯·略萨传》递到了我手上。教授微笑着说："这是给你的，希望你能好好写作。"

这个时候，阿姨已经连连夸奖起我家的小星星了，而且还亲切地问这问那，说："小孩子多大了？喜欢吃什么？青菜喜欢吃不？牛奶喝不喝？小姑娘嘴唇红红的，看上去是不缺乏营养……"又找出小孙女——一个中巴（巴西）混血儿小姑娘的照片要我们看。当得知小星星已经上二年级的时候，教授和阿姨都显出吃惊的样子，阿姨还以为小星星说错了，又连连问她是哪一年出生的，等小星星告诉奶奶是 2000 年 6 月 30 日的生日时，阿姨惊讶地对小星星说："我的小孙女是一月的生日，比你还大半年呢，可她还在上幼儿园！"听阿姨这么说，安便赶紧插话说："国内和国外的学制是不一样的，教育制度也不一样……"

我知道安是怕阿姨误会，其实他没必要这么紧张解释的，因为小星星之所以早一年上学，并不是我们把她当成了天才儿童培养，做妈妈的对孩子的脾气是最了解的了，我是根据她的性格特点才决定让她早一年读书的，想来教授和阿姨一定不会——果然，教授和蔼地看着那个可爱的小东西说："等将来看看她们究竟有什么不一样——不一样的教育制度，不一样的文化传统，将来是可以做个比较的。"

我不知道话题是怎么转移到安的身上来的，教授搬了把藤椅坐到安的对面，像老朋友一样跟他促膝而谈，居然把我给扔到一边去了，而小星星又忙着翻看教授给她找出来的《人与自然》，我只好跟阿姨闲聊。阿姨告诉我说，他们买菜要到集市上去，就是滩西大集，羊肉十四块钱一斤了，比上个星期贵了，猪肉也七块多了，鸡蛋三块一一斤。又说，新玛特超市有发好的小海参，才十多块钱一斤，小孩子吃一点是非常好的……

　　我跟阿姨聊得起劲，安和教授更是热火朝天。只听教授对安说："我是读过一些中外面相书的，从你一进门我就在观察你……你呀，要学会深呼吸，调整自己的情绪和心态……如果你愿意的话，过一两周你再来——你可以带着你媳妇儿来，也可以自己一个人来，我跟你好好再聊聊……"

　　告别教授和阿姨之后，安很感慨地对我说："教授是我见过的最容易接近的人了，我真的没想到，一个北大的博士生导师，居然会这样平易近人！远远不像有些一瓶子不满半瓶子晃荡的人那样难接触……"

　　安说得没错，这种感受我也有。或许，这就是水平和素质的问题吧！我想起魏书生说过的一句话：县长、乡长、村主任之类的领导讲话，一般都是坐着的，而国家领导人讲话却从来都是站着的，不管讲多长时间。

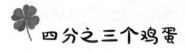

四分之三个鸡蛋

　　周日晚上女儿洗澡，发现她的大腿两侧有条状花纹，赶紧上网查了查，发现那只不过是生长过快引起的生长纹，不是令我恐惧的疾病，悬在嗓子眼的心才放下来。

　　然而，是不是要跟她实话实说呢？对着电脑我思忖良久，最后决定趁此机会将她不喜欢吃鸡蛋的坏毛病改了。于是我对她谎称，她腿上的纹路，是因为长时间没吃鸡蛋，体内缺乏必要的蛋白质造成的。

　　女儿一听就慌了，立刻哀求我，要我第二天赶紧煮鸡蛋给她吃。我故意沉着脸，做出一番懒得替她做事的样子说："反正身体是你自己的，如果你自己都不在意的话，老妈也没办法，吃不吃鸡蛋是你的事，老妈明天早晨就牺牲自己的休息时间，起早给你煮鸡蛋好了。"

　　女儿千恩万谢地跳进澡盆洗澡去了，我躲在卧室里偷偷窃笑。嘿嘿，对付一个十二岁的黄毛丫头，还是绰绰有余的。

　　今天早晨，我起了个早，给女儿煮了一个鸡蛋。吃饭的时候，女儿将鸡蛋剥好，愣了半天神，终于张开嘴巴开始一点一点吃鸡蛋，望着她那像吃药一般的表情，我不由得感叹：时代毕竟不同了，搁从前，煎饼馒头吃得到就是人上人的生活了，哪敢奢望吃鸡蛋？现在的孩子，吃个鸡蛋还得家长千方百计连哄带骗。

正在暗自大发感慨的时候，女儿吃掉了那个鸡蛋的四分之三，剩下的一小口鸡蛋清举在手中，像擎着千斤巨石，怎么都不肯下咽了。坐在一边的老公见状，立刻火冒三丈，大声呵斥女儿道："就剩这么一小口，也就四分之一了，你就不能吃掉它？真是的！"

老公一发火，女儿立刻还以颜色，将剩下的那一小口鸡蛋往餐桌上一扔，嘴巴一抹，背起书包走人，连平时必不可少的"再见"都懒得跟我们说。

当防盗门"砰"的一声被关上，我的心中突然产生了一种难言的情绪，我出神地望着那四分之一个鸡蛋，脑海里翻江倒海地折腾着，我觉得有好多话要跟老公交流，可一时间又不知道该说些什么。良久，我才逐渐理清了头绪。我拿起那四分之一个鸡蛋，对老公说："如果你刚才跟女儿这样说，会不会产生不同的反应呢？"

"我又说错啦？那你说我刚才应该怎么说？"老公正在气头上，火气很大，语气很冲。

"如果你说，丫头你真厉害，这么长时间没吃鸡蛋，今天早晨居然一下就吃掉了一个鸡蛋的四分之三！老爸相信你明天早晨就能将一个鸡蛋全部吃掉！这样跟她说话的话，我相信，明天早晨她一定能吃掉一个鸡蛋的。"

老公瞪着眼看了我半天，最终还是点了点头，默认了我的假设。

这事过去之后，我也没有再过多地发表见解，然而，中午来到办公室，看到英语老师听写单词的成绩单，我的脑海里又翻腾开了早餐的事情。孩子们的成绩，与老师的期待当然出入很大，有些孩子的单词听写简直一塌糊涂，然而仔细一分析就发现，有些孩子还是有进步的，虽然成绩并不理想，但并不等于他们没有努力，这种情况下，我们一般的反应就是："你怎么这么笨啊？这么几个单词都听写不对！"不可否认，几乎任何一个老师或家长都会有这样的反应，应该说，这种反应已经成了我们的一种定势思维，除了孩子考试得满分，我们几乎都可以找到批评指责的理由，比如，假如一个孩子考试得了60分，我们就会指着试卷跟他"分析"：如果这道题你别粗心，这道题你能做出来，你就不只得60分，而是80分；假如一个孩子考试得了90分，我们还是会如此"分析"，而假如一个孩子考了99分，我们的"分析"还是盯在那丢掉的1分上，而不是他得到的那99分上，也就是说，只要孩子没考满分，我们的思维就定势在批评指责上，虽然有些"开明"的家长或老师已经在尝试着先表扬，但最终的目的还是落在批评指责上，只不过形式有所改变，方向和目标没有根本的变化。

这种思维，跟早餐时我跟女儿吃鸡蛋的问题何其相似。我和老公只看到没有被女儿吃掉的四分之一个鸡蛋，而却根本没有在意被她吃掉的四分之三个鸡蛋；我们总是看到孩子们做错了的题目，并因此变着花样批评他们，而却没有看到他们要做对那么多题目该多么不容易！这种做法是不是有些霸道？假如一个孩子考试不及格，我们可不可以这样引导他：这么难的题目，你居然差一点就及格了，真了不起！下次再多加把劲就一定能及格啦；如一个孩子考了70分，我们可不可以这样引导他：难题的百分之七十都已经被你攻克啦，就只剩下百分之三十了，咱们下次再努力哟；假如一个孩子考了99分，我们可不可以这样引导他：你太了不起啦，金子都没有足赤，你居然离完美只差了一分，简直太让我吃惊啦！……这样的引导，相信给孩子带来的，只能是战胜困难的自信心，只能让他们带着快乐的心情重新投入学习，而不是沮丧地面对那些没有攻克的题目。当一个人整日被沮丧淹没的时候，他怎么可能有充足的信心去攻克难关呢？而当一个人整日处在一种亢奋的状态之中的时候，对他来说，是感觉不到困难的，他充满的将是战胜一切的信心和力量。

中午老公值班，要晚一些回家吃饭。女儿放学回家之后，我故意将那四分之一个鸡蛋举到她面前，做出一副吃惊的样子跟她说："哎呀，早晨吃饭时间太紧我没注意到，你居然吃掉了四分之三个鸡蛋？昨天晚上你让我给你煮鸡蛋的时候我还在心里暗暗嘲笑你，觉得你肯定连半个鸡蛋都吃不掉，因为你已经很久都不愿意吃鸡蛋了，没想到你竟然出乎老妈的意料，吃掉了四分之三个鸡蛋！啊哈，明天早晨是不是连一整个鸡蛋都能吃掉呢？"女儿高兴得立刻做了个胜利的手势，然后满脸得意地说："那是当然！不就一个鸡蛋嘛！"

中午这顿饭，女儿吃掉了一个馅饼，一块面包，一碗白菜熬肉，甚至连汤都喝掉了。而往常，她也就是半碗白菜，一块面包或者一个馅饼而已，多吃一口都不肯的。

女儿吃过饭后看了一会儿课外书，愉快地跟我道了"再见"去上学了，我坐在沙发上却直发愣。我想，这四分之三个鸡蛋带给我的启发，简直太大了，我以后要试着去运用这四分之三个鸡蛋的哲学教育孩子，让她始终以饱满的快乐的精神状态去学习，去成长，去生活，去面对日子里那些层出不穷的困难和折磨。

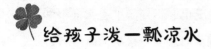

给孩子泼一瓢凉水

期中考试前夕，对于身兼老师和家长双重身份的我来说，无疑像要决战的将士，一方面要叮嘱班里的孩子好好努力，另一方面还要照顾到自己的孩子别有轻敌情绪，整天苦口婆心，不用别人说，自己都感觉越来越像个话痨。

然而，即便你说破了嘴，磨断了腿，对于自认为聪明不亚于天才的孩子们，你的话就是穿堂风，过去了就完事，根本不往心里去。

自然非常恼火。可是又有什么办法呢？时下的孩子，哪一个不是裹在"聪明""伶俐"的襁褓中长大的？面对这样一群自以为是的小东西，纵然你像母亲一样慈祥，像父亲一样严厉，像伯父一样宽厚，像婶娘一样刻薄……都无济于事，孩子们天性中的牛犊精神，让他们即使火烧眉毛，也一样嘴里吹着泡泡糖，双手插在裤兜，眼睛盯着动画片，耳朵听着 mp5，潇洒得像旧时的少爷，倜傥得像学富五车的才子，能把你气得七窍生烟两脚朝天。

听着窗外的风声雨声欢笑声，想着周围的家事国事教育事，看着教室里上蹿下跳的猴孩子，老师们眉头颦蹙，目光漫漶，表情悲愤。

那段时间，办公室里充满了老师们的叹息声，语文老师很深沉，瞄一眼乌七八糟的作业，一句"朽木不可雕也"，扶额哀叹；数学老师没耐性，望着满卷的大红"×"独自叹息"吃自己的饭，流自己的汗，猴崽子爱怎么干怎么干"；生物老师懂得万事不能违背自然规律，捧着测验题狂呼"花开花落之听天由命顺其自然"；地理老师转动着地球仪慨叹：橘逾淮而北为枳，奈何奈何……

办公室里是这副局面，回到家里情况也好不到哪里去，上小学的女儿将书包一扔，跳进摇椅里优哉游哉地捧着她喜欢的故事书，看得天昏地暗不知所以，叫她吃饭还得三遍五遍才能唤醒耳朵，搞得我是力倦神疲几欲崩溃。

终于，在孩子们得意扬扬忘乎所以的时刻，期中考试成绩出来了，不用说，结果不言而喻。

那天回到家里，我不停地告诫自己：无论小家伙成绩如何，都不能发火，现在的孩子太娇气，听不得批评，一定要以鼓励为主，不能伤了她的自尊。然而，当小家伙扭捏着告诉我她语数外三门功课都没过95分的时候，心里还是一阵失望。可是，我是当老师的，平时总跟家长们说：我们不能只盯着"葫芦"，事到临头，自己若不能冷静下来，那些大道理岂不是掩耳盗铃？于是耐着性子跟女儿一起分析试卷，看看到底哪里出了问题。

"老妈你看，这个地方老师不该给我减分的，要是加上这两分，我语文就考96了！还有这儿，英语老师太偏心，我同桌也是这样写的，可她的就没错，要是加上这三分，我英语也过95分了！数学试卷上这道题，我也是……"

女儿面无愧色地侃侃而谈，那架势不是她知识学得不扎实，而是老师们对她不公平！我隐忍着的火气瞬间被激起来，啪地将钢笔一扔，起身走到阳台上，望着湛蓝的夜空，泪水忽然就不听话地流了下来。

女儿见我真的生气了，倒还知趣，待在书房里悄默声地改试卷。

我深呼吸，再深呼吸，好一会儿才将激动的情绪控制住。我想，不能再一味地鼓励、表扬下去了，有必要给她下一剂猛药，让她明白主观不努力，客观找原因会有什么后果了。

小东西改完试卷，推开阳台的门，冲着我挤了挤眼睛，小心翼翼地说："老妈，试卷改完了，我现在该干什么？"

我轻轻地吐出一口气，回到书房，指着旁边的椅子让小家伙坐下。大约是嗅出了大战前的紧张气氛，她表现得异乎寻常的乖巧，轻轻在椅子上坐下，眼巴巴地望着我。

"咱们得好好谈一谈了。"我斟酌着词句，尽量平和地说，还有意挤出一个难看的笑容给她。

"哦，好的妈妈。"

"你一直认为自己很聪明，对不对？"

"是的妈妈，我五岁就上一年级，我们班有的同学比我大三岁，考试从来考不过我！"小东西骄傲地挺了挺胸脯，斩钉截铁地说。

"那么，你觉得，聪明的表现在哪里呢？你先从在语文上的表现谈起。"

我像一只狡猾的猎人，用野兔的气味诱惑着饥饿的狼进入陷阱。

"聪明的孩子在语文上的表现就是，写好每一个字，不写错每一个字！你经常这么跟我说嘛。"

"那么，你做到了吗？"

"这个……没……有……"小东西垂下了脑袋，嗫嚅着。

"聪明在数学上的表现呢？"

"做对每一道题，不马虎粗心。"

"你做到了吗？"

"没……有。"

"在英语上应该怎样表现才算聪明的孩子？"

"记住每一个单词的拼写，会用每一种句型造句。"

"你做到了吗？"

"我……没有……"

小东西的头没有再抬起来，声音越来越小。

我的心在自己严厉的声音里颤抖着，矛盾纠结成一团：我这样逼迫孩子，是否做得对？然而，开弓没有回头箭，在逼迫孩子的同时，我也将自己逼到了悬崖峭壁上，没有别的办法了。

"现在你抬起头来，看着我的眼睛说：我很聪明！"片刻的犹豫之后，我又硬起心肠厉声叫道。

"妈妈，您的意思是说我很笨？"

嗬，这家伙人虽小，心却不小，她居然懂得以退为进，试图向我发起反攻，反诱我上当！

"当然不是！你不笨，但却没有让我看到你聪明的表现！你说，原因出在哪里？"我把皮球一脚又踢给了她。

"这……也许是我没好好努力吧！"

"有点意思了，但还不是根本原因！"

"那，还有什么原因？"

"你刚才跟我说，要是语文老师不给你减去那两分，你就会怎样；英语老师要是不给你减掉那三分，你又会怎样；还有数学。在你看来，考得不好也是老师的原因，一言以蔽之，你考不好，是老师不好，不是你自己的事，对不对？"

"我……"

"这就叫主观不努力，客观找原因！妈妈今天生气，不是因为你考分少了，而是你的态度不端正！态度决定一切，这句话你应该明白！如果你态度端正了，懂得学习要靠主观努力，就不会有刚才的那些争端！”

小东西眨巴着大眼睛，眉头蹙着，愣愣地望着我。

“你的问题，绝不是聪明和笨的问题，而是态度的问题！一个人再聪明，做事不认真不努力，绝对不会有好的结局，你知道王安石写的那个仲永，他可谓是个天才，五岁就能‘指物作诗立就’，可是他最后怎样呢？‘泯然众人矣’！你也知道齐白石，他四十岁才开始学画画，成了一代绘画大师！这其中的道理，我不说，你自己思考去！”

我下完了那剂猛药，自顾自地拿起一本二月河的《康熙大帝》读了起来。

那天晚上，一向爱说爱笑的小姑娘一反常态地安静了，呆呆地坐在小卧室里发愣。九点半上床睡觉，跟我道“晚安”的声音也是怪怪的，不像平时那样快乐。

这一夜，我也辗转反侧难以入眠。孩子平时听到的“恭维”话太多了，无论做什么似乎从来没有错过：画画画得再不好，老师也要找出优点来鼓励；歌曲唱得再难听，老师也会假模假样地拍手喝彩；考试考得再不理想，家长也不敢多说一句，生怕伤了她的自尊，打掉了她的自信心……猛然间这样给她一棒，会不会把她打蒙了？

一夜辗转，第二天五点半我就醒了，起来轻手轻脚地淘米做饭，然后坐在女儿的小床边发呆。

六点一刻，女儿睁开了眼睛，愣愣地望着我，老半天，她嚅动着嘴唇低声道：“妈妈，我明白了，态度决定一切，如果我真的聪明，就得有聪明的表现！”

之后的事情，顺利得让我吃惊。小东西好像一夜之间长大了似的，放学回家不用提醒，立刻在我的锅碗瓢盆交响曲中开始弹琴，吃过饭，马上跑去书房练钢笔书法，一张纸练完，她会喊我跟她一起复习三年级到六年级的英语单词，晚上回家，做完家庭作业，她主动提出来给我当小"老师"，将课文从第一课开始讲给我听……

看着小姑娘一本正经的样子，那块一直压在心头的石头落了地：看来这剂猛药是下对了，给她兜头泼一瓢冷水未尝不是一件好事啊。

那么，对于班里那群仍然自以为很聪明的孩子们，是不是也该给他们泼一瓢冷水降降温了呢？

为什么圣诞礼物都是咱们家里的?

掰着指头数一数咱们中国人的节日：一月的元宵节，二月的二月二龙王节，三月的三月三风筝节，四月的清明节，五月的端午节，六月的六月六祭山神，七月的七夕节，八月的中秋节，九月的重阳节——十月、十一月似乎没啥节日——之后的腊八节、春节，一年到头，几乎每个月里都有一个可值得纪念的节日。

生在红旗下长在新社会的中国儿童，本应该对本土的节日非常热爱才对，然而不然，女儿从懂事开始，连春节这样隆重的节日都没太大的兴趣，更别说平时那些小节日了。可是，她对西方国家的那些所谓的圣诞节、愚人节、万圣节之类的，却是兴味盎然热情高涨，日子记得牢固得就像烙印在大脑里，且还不等到那一天，早就开始虚张声势地制造舆论：圣诞节某某家里要开派对，万圣节某某的爸爸答应给她买一副女巫面具……诸如此类的小伎俩，从女儿五岁上一年级开始，就层出不穷了。

对于万圣节、愚人节之类的，我一向不感冒，可是圣诞节你想不感冒都不行，节前各大商场里摆满了假模假式的圣诞树，树上缠绕的小电灯红红绿绿的，像一只只不怀好意的眼睛——一种可怕的文化侵略！然而孩子们不这么想，商场里的摆设无疑给她打了一支兴奋剂——大家都在为过圣诞节而准备，老爸、老妈干吗要反对？

为了哄孩子高兴，从女儿懂事起，每年的圣诞节我干脆变被动为主动：早早地就大张旗鼓地宣称，圣诞老人只给表现好的孩子送礼物，如果你表现不好，得不到礼物我可不同情！于是，圣诞节前夕，小东西总是表现得比平时乖巧许多，这让我忍不住窃笑。

快到圣诞节了，我偷偷给她买一只大袜子，装好各种糖果、巧克力之类的小玩意儿，然后骗她说："平安夜要乖，早早睡觉，圣诞老人见你很乖巧，一定会给你送礼物的！"于是，一向性格活泼的小东西这一夜就特别乖巧，小嘴巴变得异常甜蜜，不等大人催促，早早就洗漱睡觉了。第二天早晨，小东西一睁开眼睛就到处寻找，等我将枕头边的礼包拿给她，她就会高兴得像得了金质勋章一般，连蹦带跳。至于圣诞节礼物是否真的是圣诞老人所送，她从来不过问，因为她深信不疑。

今年的圣诞节也是如此，平安夜带着小东西去了凌云大厦，挑选了一只大红的袜子，然后赶紧回家写作业。作业写完之后，小东西突然想起什么似的，匆忙从书包里翻出她记作业的小本本，撕下一张纸，一边往上边写着什么，一边高声对我说："老妈，昨天晚上我做了个梦，梦见圣诞老人说今天晚上送我一支可替代墨囊笔！今年的圣诞节礼物，我希望圣诞老人真的能送我一支可替代墨囊笔！"

天！

小东西这一招突如其来，惊得我和她爹瞠目结舌！她事先没有告诉我们今年要啥礼物，所以惯性使然，我还是给她买了一些糖果和巧克力、小点心，然而事到临头，人家金口一开，居然变花样了！

这可怎么办？她爹看了看指向九点一刻的钟表，目光充满了惊讶和焦虑。我双手一摊，也是无能为力了。

"不行！圣诞老人送礼物全凭他老人家说了算，怎么可能你想要什么就给你什么呢？乖，快去睡觉！否则，连糖果都会没有的！"

大约她爹觉得这事很棘手，只好拿出家长的架势，虎起脸威胁道。

　　"可是，圣诞老人在梦里答应我给我一支可替代墨囊笔的嘛，大人不能说话不算数的！骗人不是好孩子！"

　　小东西虽然有些害怕，但还是据理力争。

　　"这都快十点了，大冬天的，商场都关……"

　　"好了好了，丫头快去睡，圣诞老人既然答应你了，那他一定会说到做到的。"见老公焦急中差点说漏了嘴，我赶紧出面摆平。

　　小东西这才满意地眨了眨眼睛，郑重其事地把写有她心愿的那张小纸条贴在床头上，然后洗漱睡觉。

　　"你意思是现在再开车去商场给她买可替代墨囊笔？可商场这时候该关门了呀！"等小家伙发出均匀的呼吸声，老公瞪起牛眼，冲着我又是挥手又是咧嘴，"明天早晨我看你咋着收场！"

　　"你别幸灾乐祸，我自有道理！"

　　我耸了耸肩膀，拿起一本达尔的童话专心致志地看了起来。

　　"难道你会孙猴子的七十二变，明天早晨能给她变出一支可替代墨囊笔？要是你没那本事，咱今天晚上干脆别睡了，夫妻双双把街逛，到大街上转悠一宿，或许能找到一家不打烊的店也未可知！"老公看我气定神闲的样子，忍不住先妥协了。

　　"没事，睡你的安稳觉去！"

　　老公疑惑地盯了我好一会儿，犹豫着去睡了。

　　早晨，小丫头一睁开眼，照例到处寻找。我把早就准备好的礼包拿给她，她迫不及待地翻找起来。

　　"老妈，难道圣诞老人没有看到我的心愿卡？怎么没有送给我可替代墨囊笔呢？"小东西抬起头，忧心忡忡地对我叫道。

　　"不是啊，圣诞老人不是早就送给你那支你梦寐以求的可替代墨囊笔了吗？”我忍住嘴边的窃笑，一本正经地说。

“可是礼包里没有！”

“没有吗？不可能啊，圣诞老人从不说谎话的，他什么时候答应给你可替代墨囊笔的？”

“前天晚上做梦的时候他答应我的！”

“哦，老妈忘了告诉你，昨天晚上老妈也做了个梦，梦见圣诞老人送给你一支可替代墨囊笔！当时你老爸也在场，不信你问他！”

老公正在刷牙，听见我这话，噗一下笑得满嘴巴都是牙膏泡沫。他赶紧配合我，满脸严肃地做证道：“是的是的，千真万确，你妈妈在梦里看到，圣诞老人亲手递给你一支可替代墨囊笔，我也在场！”

“这……是真的吗？”

“当然是真的！”

听着我们异口同声的回答，小东西叹息了一声，出了一会儿神，突然想起什么似的指着满床的糖果道：“不对！这些糖果和巧克力为啥都是咱家里的？我知道了，圣诞老人送的礼包，其实都是你们事先准备好的！”

完了，穿帮了！

我尴尬地咧咧嘴巴，大脑却在紧张地思考：小家伙已经十岁了，都上六年级了，也该让她明白事情的真相了，老活在童话世界里未必是好事呢。

“唔……这个……事情是这样的，我和你老爸呢，其实就是咱们家的圣诞老人啊，你想想，平时你想要什么，不都是我和你老爸送给你？所以啊，有老爸老妈在，就有两个实实在在的圣诞老人给你送礼物，那个天上的圣诞老人，是美国人穷极无聊造出来的，咱不信那个。以后啊，咱就不过这劳什子圣诞节啦，好不好啊？”

小东西听完，脸上明显露出失望的神情。她低下头，拨弄着那些花花绿绿的糖果，好一会儿，终于长长地舒出一口气道："其实去年我就怀疑，圣诞老人是你们装的！老妈，别以为我还是小孩子，《传统文化》上都说了，中国人要热爱自己的节日！今年春节，我要跟你学扎四角风灯，然后挑着它去给爷爷奶奶拜年！"

　　望着小丫头那张圆圆的小脸，我和老公会心地笑了。

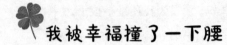

我被幸福撞了一下腰

下午政教处召开个小会，内容是周末的班主任经验交流会，要我们九个先锋班级班主任从各自的角度出发，谈一下这些年来对班级管理的看法和做法。

接受任务之后，心里一直惴惴着，因为我担任班主任的时间并不太长，跟那些有经验的老班主任相比，的确是汗颜得很。然而任务已经下达了，只有硬着头皮上了。

晚上回到家，辅导孩子做完作业，打开电脑，泡上一壶普洱，对着屏幕上那朵灿烂的小蓝花扶额沉思。

说实话，班主任的工作太琐碎了，每天两眼一睁，忙到吹灯，只知道天天脚不沾地，屁股坐不到椅子上，别人下课可以休息，班主任课间更是精神高度紧张，虎视眈眈地盯着那些调皮的猴崽子们，生怕一不小心这个跌倒了，那个摔坏了……天天如此，月月如此，年年如此，这些鸡零狗碎的事情里，能有什么"经验"可谈？对这个问题还真没好好梳理一番。

"妈妈，今天晚上我可不可以跟你一张床睡觉？"

客厅里传来女儿期待的声音，这小姑娘最近一直很依恋我，平时都是她爹辅导她写作业，可这几天硬是缠着我，听写英语单词，复习语文，甚至我最头疼的数学也要我检查，晚上快到休息时间的时候，她就会甜蜜蜜地围在我身边，又是给我讲笑话，又是给我讲她们班里的趣事，小尾巴似的跟着我。我知道她那颗小小的心里在想什么，于是故意不搭理她，今天晚上也是如此，这小东西见我不理她，终于憋不住了，将她的小阴谋和盘托出。

"就一个晚上！"见我不开口，小姑娘舔着嘴唇，眨巴着大眼睛央求道。

"好好好，我替妈妈答应你，快去洗漱睡觉吧！"她爹知道最终还是要答应她的要求，将手里的书一扔，赌气道。

"耶！又胜利喽！"小姑娘蹦蹦跳跳地冲向洗手间，快速地洗漱完毕，匆忙钻进被窝，给她的小虎虎（她的小玩具狗）盖好被子，给我们道了"晚安"，很快就甜甜地睡去了。

没了小姑娘的闹腾，房间里顿时清静下来，思路蓦然清晰了。我打开文档，手指飞快地敲打键盘。

不知不觉间，已经是夜里十一点多了。敲打完最后一个标点，我揉捏着右手腕上那个越来越大的腱鞘囊肿，深深地吐出一口气，关上电脑，脸也懒得洗，匆忙冲了下脚就准备睡觉。

暖气早就停了，空气变得异常清冽。我哈着气钻进被窝，冰凉的身体猛地一个激灵，一股暖流瞬间漫上心头：我触到了一只热乎乎的暖水袋！

情不自禁地把目光投向女儿那恬静的小脸，孩子呼吸均匀地睡着，小嘴巴微微张着，鼻翼一动一动，非常可爱。

捧着暖乎乎的热水袋，幸福的感觉像投入石子的湖水，涟漪一波一波在心头荡漾。《三字经》上说：香九龄，能温席，女儿刚刚十岁，居然也懂得给妈妈关怀和温暖了！

这一夜，我睡得很不踏实，一会儿起来看看小姑娘是不是蹬被子了，一会儿又将她伸出来的小脚放进被筒里……从孩子出生到现在，只有大人关注孩子，几乎没有享受过被孩子偷偷关爱的幸福，被这突如其来的幸福撞了一下腰，居然有些手足无措了，呵呵，可怜天下做母亲的女人啊，就因为这么点儿事，就"烧"得睡不着啦。

第二天早晨，见女儿一睁开眼睛，立刻走去大声说了句:"谢谢"！小东西愣怔了一下，没明白我的意思。于是我把暖水袋的事给她说了，之后又一次向她道谢。

"什么呀老妈，我昨天晚上本来是想把暖水袋放在脚下的，谁知放到你被窝里忘了拿出来。"小东西听完，似笑非笑地望着我道。

啊? 啊！啊……

我晕！尴尬之至！

敢情我这一夜辗转反侧，居然是自作多情啊！立刻有些恼羞成怒，瞪着小东西恨不得咬她一口。

老公见状，赶紧过来解围:"呵呵，看我们家小姑娘多诚实！是就说是，不是就说不是，嘿嘿……"

小东西一边漫不经心地往面包上抹炼奶，一边冲着她爹直眨巴眼睛。

我郁闷地叹了口气，想起时下孩子们挂在嘴边的那句话:"无语了我！"

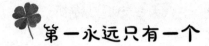

第一永远只有一个

6号离开日照来上海接受培训，期中考试刚结束，没能参与阅卷。这几天一直惦记着孩子们的考试情况，前天，女儿的班主任王老师给我发短信，告诉我女儿总分考了698分，班里依然排名第一。接到这条短信的时候，我正在听专家报告，有些疲惫的精神为之一振。

说心里话，对于这次期中考试，我一直不太看好女儿的状态，之前学校里搞了好多课外活动，尤其是体育运动会之前的一个月，孩子们每天要抽出两节课时间进行紧张的训练，每天放学回家，看着她累得精疲力竭的样子，实在不忍心再督促她学习，所以就有些放任她。

我觉得她在这个学期开始就有些懈怠，每天的家庭作业，在中午午练的时间里已经基本做完，回家之后，踢掉鞋子，洗一盘水果，歪坐在沙发上读小说，一读就是近一个小时。然后就是吃晚饭，吃过饭后，她通常要求下一盘棋，三口人在地毯上摆开阵势，一盘棋下完，少说也得十五分钟。之后她才开始去做没有完成的家庭作业。有时候她很快就把剩下的尾巴扫清了，当我要求她复习的时候，她总是说课堂上已经记得差不多了，不情愿地噘起嘴巴，并且提出来要画一会儿卡通。因为知道人带着不情愿的情绪去学习，效果会很糟糕，所以也就不敢勉强让她去复习，只好听任她在白纸上一张一张画她喜欢的卡通公主形象。这样三磨蹭两磨蹭，就到休息时间了。只要一到九点，她就会理直气壮地说什么：儿童的睡眠时间必须保证九到十小时，她要睡觉！在这个理由下，我无可奈何，只能听凭她自由支配自己的时间。

从开学以来，她基本上没有在家复习过史地生政四门小学科，英语也从来不好好努力，但是，她却口口声声要超过某某某，要在期中考试中怎样怎样……在这种情况下，我只能拿闻一多的话堵她的嘴巴："我们不能做言语上的巨人，行动上的矮子！"

随着期中考试的临近，我的内心很是担忧，怕她万一一下子掉到班里的十几名，对她的打击就太沉重了。所以，我几乎一有机会就告诫她：这次考试不要再期望考班里的第一，更不要拿自己跟谁谁谁去比较，因为每个人的努力程度是不一样的，结果当然也会不一样。你今天的表现，老妈觉得能在班里前十名以内，就非常满意了。她老爸甚至跟她说：你只要考到班里的前二十名，老爸就会为你鼓掌了。之所以统一口径这样劝慰她，只是不想给她太大的压力，也担心她如果考不好，自己的心理无法承受。毕竟考试不是人生的全部，活着，首要的一点是每天都快快乐乐。

第一场考试依旧是语文，考试结束休息的半个小时内，我在办公室里装订试卷，女儿焦急地跑来找我，向我询问语文试卷的答案。看到她瘦小的脸蛋，我真的不忍心告诉她有些题目她做得不理想，只能跟她说："考完了就结束了，不要再去考虑分数的问题，集中精力进行下一场的考试吧。"

那天中午放学后，女儿情绪不太好，说她的历史考得不太理想。我没有再跟她讨论这个问题，而是摆开棋盘，陪她下了一盘棋。这一次下棋，我输给了她，而且输得很惨。女儿有些不可思议地望着我，脸上露出惊喜交加的表情说："老妈你今天好差劲！居然连爸爸都下不过了！"我笑着说："胜败乃兵家常事，虽然我输给了你们爷俩，但老妈很高兴，因为你们都进步了！"其实，我是故意输给她和她爸爸的，因为不想在她有些郁闷的内心里，再给她添一份气恼。

全部科目考完之后，她又跟我说："老妈，我希望我的数学和地理能考满分！"看到她灿烂的笑脸，我觉得她的判断应该是正确的。果然，成绩出来之后，她的数学和地理都是满分。我非常高兴，不是因为她考了满分，而是因为她有了对自己最基本的判断能力。

昨天晚上，老公发来一条短信，告诉我我班的郭章安考了700分，女儿离她的目标只差了2分。而去年期末考试的时候，她跟她的目标之间相差了13分。看到她离自己的学习目标越来越近，我也很为她高兴。然而，另外一种担忧也随之产生了。

前几天从王科的博客上看到，最有发展潜力的孩子，学习期间基本排名在十名左右。这个理论很早就听说过，但一直没看到原文，前些日子看到原文后，感慨很深。

女儿毕竟才读初一，学习的路漫长而又艰苦，不想她学得太累太疲惫，也不愿意把她变成学习的机器，生活中除了学习，还有很多很多值得我们关注的事情，健康、快乐、兴趣等，尤其是作为一名女孩子，她将来所要承担的角色太多，比如她要学会做一点女红，学会品茶，学会一点点音乐知识和舞蹈技能，学会烹饪之类，只有掌握了一定的生活技能，她的生活才会丰富多彩，情趣丛生。因而，我跟女儿制订了一个小小的计划：高中毕业那年的暑假，要报一个烹饪班，大一暑假报考驾照（那时她才满十八岁），大二暑假学习裁剪，大三暑假她可以选择自己喜欢的事情去做。

今天中午，正在听华东师大陈默教授做心理学方面的讲座，老公发来短信说，他一想到女儿又考了个第一就兴奋，他说："丫头真厉害，她比其他同学小两岁呢！"看完这条短信，我的心情却没有老公的明媚。我觉得，回家之后要好好跟女儿交流一下了，考第一固然是个好事，但是，学习，绝不仅仅是为了考第一，因为，第一永远只有一个。

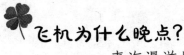

飞机为什么晚点？
——青海漫游见闻录

　　坐在门源海拔3000米的照壁山上，手机叮咚响起，打开看去，朋友发来的一条短信豁然在目：

　　"日照气温，千里清蒸，万里红烧；望市区内外，烈日炎炎，各大区县，基本烤焦；屋内桑拿，汗水洗澡，躺下就是铁板烧！大街上，看美女吊带短裙，分外妖娆。

　　"气温如此之高，引无数美眉竞露腰！惜外地学子，求假无效，各大院校，不安空调，一代天骄，非洲外教，仰天直呼受不了！俱往昔，还数本地大爷大妈，拿把蒲扇，边摇边笑。"

　　读罢，将身上的运动服裹一裹，整理一下围在脑袋上又厚又长的大围巾，忍不住慨叹："中国的确太大了，千里之外的日照赤日炎炎似火烧的时候，青海却是秋衣秋裤伴君行。"难怪郑州的朋友不时微信骚扰：你们就待在那里享受吧，别回来啦——言语中充满了羡慕嫉妒恨，抑或是因为天气燥热导致的烦躁和愤怒。

　　青海是我目前遇到的消暑避夏最适宜的地方，三伏天气，连最适合人类居住的城市日照，都是三十多摄氏度的高温，这里却只有十多摄氏度——女儿学过地理之后，对气温与地形的关系很有发言权，她身上裹着在当地买的羽绒马夹，边吸溜着鼻涕边得意扬扬地告诉我："书上说了，海拔每增加1000米，气温下降6摄氏度呢！

我们现在在海拔 3000 多米高的地区，气温应该比我们那里低 18 摄氏度，如果我们那边气温是零上 30 摄氏度的话，这里就应该在 12 摄氏度左右！"

握着女儿冰凉的小手，替她将围巾裹一裹，我忍不住为自己的井底之蛙行为深感内疚。

行前，朋友老贾短信告诉我，要多准备点深秋的衣服，青海怕是会很冷的。那一天，日照的气温是 28 摄氏度，有微凉的海风不时拂过，还算清爽。盯着老贾的短信看了老半天，犹豫着将一大堆夏日服装从行李箱中拽出来，重新塞进去一套长袖运动服，又给女儿找了套秋衣秋裤装好，一边收拾行囊，一边还在不停地纠结：青海真的那么冷吗？这大伏天儿的，不动尚且挥汗如雨，怎么可能要穿深秋的衣服呢？这不是匪夷所思的事情吗？顶多也就是不太热罢了，有必要这么夸张吗？

然而，事实胜于雄辩，坐在照壁山上，望着没了热力的夕阳，吹着塞上剽悍的烈风，于寒气袭人的时刻，终于明白了"地大物博幅员辽阔"的深刻含义。

伴着时而滴沥不休的小雨，在门源玩乐了三天，观花台上八十万亩油菜园的壮观，照壁山上狼毒花的艳丽，浩门河畔滔滔涌流的江水，仙米寺里藏传佛教的神秘……——领略过之后，我们又去了向往已久的青海湖。那天正赶上自行车环青海湖赛事，沿途除了美不胜收的油菜花，更有充满活力的年轻人成群结队骑着自行车奋勇争先，给我们的青海之行增添了一份挥之不去的记忆。

在朋友老贾的带领下，我们没有跟随地导走马观花，而是租赁了六辆山地车，携儿带女沿青海湖畔飞驰。那份心儿随风飞翔的快乐，此生永难忘记了。

路过一个藏族老人开设的土特产小卖店的时候，我下车驻足，一眼看上了心形的绿松石项链坠，于是跟老人攀谈起来。老人说，别看这小小的绿松石，它还有着美丽而古老的传说呢。相传吐蕃赞普松赞干布曾经给宫女们出了一道难题，他拿出一颗中间有着九曲十八弯小孔的绿松石，然后说：谁能把绿松石穿成项链就娶谁为王妃。宫女们一筹莫展、不知所措。只有美丽聪颖、智慧过人的文成公主，在蚂蚁的帮助下破解了这道难题。她取下一根自己纤细的秀发，紧紧捆在蚂蚁的腰上，让蚂蚁艰难地拖着秀发穿过弯曲的小孔，终于把绿松石穿成了项链。但是，为了文成公主，可爱的蚂蚁却被勒细了腰，从此变成了现在的模样……如今，绿松石已经被作为能带来平安、健康、财富和长寿的象征。

　　每一个到过塞外的人，大约都会带回一些美丽晶莹的绿松石分送自己的亲朋好友，我亦不能免俗。在老人的店里挑选了四颗温润细腻的绿松石项坠，打算回来后送给亲人们。虽然知道这小小的石头并不能真正给亲人带去平安、健康、财富、长寿，但这一份美好的祝愿却是慈心长存的。

　　告别藏家老人之后，我们继续沿着青海湖畔徜徉。老贾指着湖畔黛青色大山说，她已经数度来此游玩，古人说，仁者乐山智者乐水，而这一方水土之上，山水相依，所以仁智相生，她爱的，就是这种至高至远的人生境界。

　　站在浩渺明净的青海湖畔，遥望远处一线的二郎剑，仰视高天上丝丝缕缕的白云，远眺眉黛一般连绵起伏的青山，心旷神怡之感油然而生。不禁想起那首脍炙人口的歌曲《套马杆》：套马的汉子你威武雄壮，飞驰的骏马像疾风一样，一望无际的原野随你去流浪，你的心海和大地一样宽广……难怪塞外的汉子都有一副阔朗豁达的胸怀，整天与高天厚土相伴，与辽阔大气为伍，怎么可能不阔朗，焉得不心胸豁达？这样雄浑厚重的环境，只能适合志向远大的雄鹰展翅翱翔，又如何肯滋生蝇营狗苟、尔虞我诈、宵小阴险奸诈之辈呢？

听到两位游客边走边议论说，青海湖本是一眼神泉，当年二郎神杨戬奉旨讨伐孙悟空，因敌不过那根如意金箍棒，只好逃到昆仑山下的这眼神泉边解乏，用三块白石顶着锅烧火做饭，却忘记取水后盖好神泉的盖，把盐撒到锅里的当儿，泉水已溢成了一片汪洋，情急之下，他顺手抓起了一座大山压在神泉上，这样就形成了现在的青海湖和湖中的海心山，支锅的那三块石头，就是现在湖中的三座小岛，因为撒进锅里的盐和水混在一起，所以湖水是咸的。

坐在绿草如茵的小山坡上，想着游客们绘声绘色的演绎，我与波光粼粼的青海湖相视而笑莫逆于心。我知道，这个故事其实很牵强，带有浓重的汉民族附会色彩。

其实，在当地人的口耳相传中，他们更愿意把青海湖叫作"库库淖尔"，库库淖尔的蒙语意思是"青色的湖"。蒙古人之所以把青海湖称之为"库库淖尔"，跟他们的民族英雄库库淖尔有着直接的联系。

自古以来，青海湖畔就聚居着蒙古族、藏族、回族、土族、撒拉族等各民族的牧民，他们环湖而居繁衍生息，世代与这里的山水相依相伴。但是，有些部落的头人被权势欲支配，不断挑起战争，常常搞得尸横遍野，血染草原。后来，蒙古族内出了一位明智的英雄，他的名字叫作库库淖尔。他耐心地教育本民族的兄弟，和邻居和睦相处，他反对头人们挑起的不义之战。邻族人受到狼、豹的袭击，他带领本族人前往驱逐，邻族人受到天灾，牛羊成群死亡，他说服本族人相助周济……渐渐地，这里的蒙古族和相邻的其他各族牧民解除了仇隙，消弭了战祸，他们亲如家人团结共处。可是，库库淖尔却因奔走劳累积劳成疾。后来他死了，人民的哀思和痛哭，震惊了上天，上天知道他是个真正的英雄，便封他为团结之神，并由他管理湖周牧民的祸福。牧民们为了表示对他的尊敬，就把青海湖叫作库库淖尔。

是的，这样一湖清净明洁的水，怎么可以跟鲜血和尸体联系在一起呢？它的宁静与遗世独立，只能与团结和平与世无争相提并论。

在青海湖盘桓了一日，返回西宁的途中，又攀爬上海拔3500多米的日月山，领略当年文成公主进藏时的无奈与悲凉。诗人说：西出阳关无故人。当年的文成公主，站在日月山上回望长安的时候，内心该是怎样一种凄然与决绝呢？无怪乎传说她将随身携带的宝镜一摔两半，一半化为金日，一半化为银月。辞别故园，故人不见，妆容为谁？宝镜何用？山脚下的倒淌河有知，也当为离人无语凝噎了。

结束了为期一周的青海之行，我们于曹家堡机场乘上飞往郑州的飞机返回。然而，飞机即将起飞的时刻，航空小姐却告知：飞机因事延误半小时起飞。机舱里顿时一片喧哗，几个汉族男人站起来，凶巴巴地冲着航空小姐直嚷嚷。在乘务员耐心的解释之后，那几个男人终于安静下来。可是，半个小时之后，飞机依然没有起飞的迹象，大家于是又开始喧闹，乘务员告知：还得延误二十分钟！那几个汉族男人似乎不堪忍受了，其中一个骂骂咧咧地说自己约了商户，生意耽误了要航空公司赔偿！另外一个男人则高门大嗓地喊着，说他下了飞机还要赶火车的，误了点只能在郑州住下，由此产生的费用须得航空公司赔偿……不堪入耳的诅咒和谩骂充斥了整个机舱。

女儿傻呆呆地坐在座位上，不明白发生了什么事，于是问我："飞机为什么会晚点呢？"面对女儿这个简单的问题，我也束手无策不知道该如何回答才好。

这时候，身后的座位上，一个眉清目秀的蒙古族小女孩也向她的母亲提出了同样的问题。那位母亲将小女孩抱在膝上，神态安详地望着机窗外高远湛蓝的天空说："咱们青海经常发生一些意想不到的事情，地震啦、雪崩啦、暴雪啦等等，人们受了灾，国家就会紧急援救，这种情况下，载着救灾物资的飞机就得先飞是不是？所以，有时候啊，民航飞机就要因为意外事情的发生而延误啦。"

听着那对蒙古族母女的对话，再看看一直叫骂不休的几个汉族男人，我的心中波浪翻涌。回顾一周来的青海之行，无论是憨厚诚实的出租车司机，还是热情好客的宾馆店主，都让我感受到了那块热土以怎样的胸怀养育她的子民。

是的，因了浩门河的汹涌澎湃，门源的大美才更壮丽，有了青海湖的深度，海西州的历史才更深远，有了日月山的高度，湟源人的胸怀才更豁达阔朗。

如果有时间，去青海走走吧，她会让你从逼仄走向开阔，走向淡泊宁静，走向纯美醇善，走向岁月之静好，人生之高远。

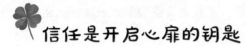

信任是开启心扉的钥匙

最近闲来无事，看电影《赵氏孤儿》。其中有个情节我反复回放了好多遍：赵孤勃儿为了拿到他干爹屠岸贾扔到屋顶上的木剑而爬上了房顶，屠岸贾让他跳下来，并且说："跳下来，我接着你。"然而，等赵孤跳下来的时候，屠岸贾并没有接着他，还告诉他说："干爹就要你记住：谁也不能信。"赵孤很生气，重新爬到房顶上去拿他的剑，这时候，葛优扮演的赵孤之父程婴跟赵孤说："勃儿跳下来，爹接着你。"赵孤片刻犹豫之后跳了下来，程婴接住了他。

无独有偶，昨天朋友发给我一条微信，内容是这样的：有一位父亲跟儿子在户外玩。儿子爬到墙上想往下跳，他让父亲在下面接住他。在他准备跳下来之前，父亲跟他讲了一个故事：这个故事中也有一位父亲跟儿子。故事中的父亲是美国的一个富翁。这个富翁的儿子有一天爬到一面墙上往下跳。这位富翁张开双臂在下面等着接住他的儿子。可是当他的儿子跳下去的时候，这个富翁却闪身躲开了。富翁的儿子摔在地上，一面哭一面很困惑地看着父亲，不知道他为什么要这样做。这时候，这个富翁跟他的儿子说：我让你跌一跤是为了让你学到一课——这个世界上就连父亲有时也未必信得过，何况其他陌生人。讲完了富翁与儿子的故事，这位讲故事的父亲也伸出双臂，对儿子说：来，跳下来吧，我会接住你。这时儿子心里不安起来，这个故事已经令他内心产生了怀疑与犹豫。父亲连声催促他。于是儿子咬咬牙闭上眼睛跳了下去。他以为自己会像父亲故事中的那个孩子一样摔在地上，但当他睁开眼的时候发现自己躺在父亲的怀抱里。他父亲跟他说："我也希望你学到一课——连陌生人有时你也可以相信，何况是你的父亲。"

我不知道是朋友看了《赵氏孤儿》之后编写的那条微信，还是《赵氏孤儿》的编导借鉴了美国富翁教育儿子的故事，让我感兴趣的不是这个，姑且不论。我的兴趣点在于"信任"两个字上。因为就在前不久，我的女儿就这两个字，给我这个当妈妈的上了一堂此生难忘的课。

事情的起因是这样的：上初三的女儿每每学习的时候，必定先叮嘱我和她爸爸："你们不要坐在客厅里，去自己的房间待着去！"

对于女儿这个怪异的要求，我很是不理解，因为女儿有自己的房间，她的一切活动基本都在她自己的房间里进行，我们坐在客厅里与她有什么紧密的关系吗？这看上去有些风马牛不相及。可是，看到女儿郑重其事的表情，我还是按照她的要求做了。然而，心头的疑云并没有去掉，女儿究竟为什么不允许我们在她写作业的时候待在客厅里呢？这个问题像一个梦魇一般时刻萦绕在我的心头，如鲠在喉。

我曾经尝试着跟女儿沟通交流，把她这个奇哉怪也的要求弄个水落石出，可是，每次刚一开口，女儿一句话就把我给堵了回去：没有为什么，我在房间里写作业的时候，就是不喜欢你们坐在客厅里！这显然只是糊弄洋鬼子的外交辞令，女儿的讳莫如深加重了我心头的疑云，我发誓一定要搞清楚。

那天，老公有事外出，短信告诉我晚饭不回家吃了，要我和女儿自己凑合着弄一顿。我心头一喜，意识到机会来了。

为了晚饭后母女之间的交流能够顺利进行，我费尽心机做好铺垫工作：我征求了女儿的意见之后，决定不像往常一样郑重其事地做饭，而是去商店买来了她最喜欢吃的大碗面——我至今也搞不懂，为什么如此没有任何营养价值的速成食品却赢得了孩子们的青睐？不止一个家长跟我说过，他们的孩子宁愿吃泡面，也绝不领情父母辛劳做好的营养丰富的大餐。搁往常，我是不会同意女儿把泡面当主食的做法的，但是，为了营造一个愉快的谈话氛围，我还是忍着气给她泡好了大碗面。看着她狼吞虎咽吃得那么香甜，我感到自己平时对食谱的热衷简直就是一种自戕，明明不喜欢厨房，却偏偏要为了孩子每天把大量的时间卖给锅碗瓢盆，明明对菜谱食谱不感冒，却偏偏要为了孩子忍着痛苦备受油盐酱醋的煎熬！所为何来？我真的无语了。

　　简单的晚饭过后，我提议跟女儿一起喝杯咖啡——小家伙极喜欢喝咖啡，平时我是不会姑息她养成这样看似贵族实则垃圾的生活方式的，然而那天晚上，一切都要为我们母女之间交流的顺利让路，我破天荒地提出了这样的垃圾建议。女儿很快乐地答应了。

　　香浓的咖啡煮好之后，我们母女俩闲闲地歪在沙发上啜饮。水仙花在窗台上静静地绽放，蝴蝶兰傲立在花盆里，墨兰娇羞地躲藏在丛丛绿叶中，海棠小家碧玉地在花架上微笑……房间里难得的安静祥和让我的脑海里出现了短暂的幻觉：似乎我正在跟知己好友小酌浅饮，而不是在蓄意策划一个"阴谋"。

　　"说吧老妈，你有什么事要问我？"

　　正在我冥思遐想的时候，女儿将最后一滴咖啡喝掉，抬头望着我，脸上满是狡黠的笑容。

　　嘿，这小东西原来早就察觉了我的"阴谋"！我有些羞惭了。

望着女儿那张明净的小脸，我尴尬地连声"呃呃"着，一时不知道怎样开口。半天，我堆砌起满脸的笑容问她："你怎么知道老妈有事要问你呢？"

"我了个去！你不是经常告诉我：反常即妖嘛。你今天晚上太反常了，给我的感觉太'妖'了，如果没有什么大事要发生，那才叫怪哉！"女儿边说边得意地晃了晃脑袋。

既然已经被揭掉了画皮，就无须再隐瞒自己的真实想法了。于是，我单刀直入地提出了那个困惑我久矣的问题：为什么你在自己的房间里写作业，却要求我和你老爹去卧室待着？我们坐在客厅里看书，难道会给你造成什么不良的影响吗？

女儿伸了个懒腰，一脸淡然地撇了撇嘴道："这个问题，你得问我老爹！"

"可是，你老爹今天晚上不在家呀，你能把事情的真相告诉我吗？说实话，老妈被这个问题搞得有些魔怔了，你要是再不告诉我真相，我都快被好奇心给折磨疯啦。"我站起身，抚弄着窗台上那盆开得正盛的水仙，也借此掩饰自己有些无奈的情绪。

"老妈，你居然还有这样大的好奇心呀？我们班里无论发生了多么奇怪的事情，你都能在很短的时间内'破案'，你不是一向都自诩自己公安局局长不换吗？这个问题你居然没有找到答案？"女儿哂笑两声，不屑的语气里充满了对我的调侃——或许还有对我的反抗也未可知。看来，女儿对我平时的做法是有自己的看法的，她并不欣赏我这个做班级工作很强势的妈妈。

"你知道同学们都怎么称呼您吗？大家都叫你女福尔摩斯！不过，你千万别以为，我有一个像福尔摩斯一样的老妈有多么自豪！我很无奈！你什么事情都知道给同学们造成了多大的压力你知道吗？你说班里好多同学都是你的'小耳目'，还说所有的家长都是你的好朋友，都在帮着你一起管理班级，无论同学们在家中做了什么不好的事情，你都会很快知道……搞得大家人人自危互相猜疑，连最起码的信任都没有了！昨天下午开班会，你说班里有女同学公开称呼男同学为自己的'男神'，还说让人家自己去找你承认错误，你知道班会结束后班里发生的事情吗？大家都捂着嘴巴，话都不敢说了！咱班有个同学暑假里上网吧一夜未归的事情你居然都知道，搞得那个同学对他妈妈恨之入骨！幸亏后来你又说，那件事不是他妈妈告诉你的……"

"那件事的确不是他妈妈告诉我的啊，我是通过另外的渠道得知的啊。"我越听越吃惊，赶紧打断女儿连珠炮一般犀利的言辞。

"甭管怎么说，班里发生什么事情你都知道绝对不是一件可以得意的事情！因为你让同学们之间互相戒备没了信任，而信任是开启心扉的钥匙，诚挚是架通心灵的桥梁，你懂不懂呀老妈？"

女儿平时并不喜欢长篇大论，可是那天晚上，她的言辞之犀利，语言之流畅，气势之磅礴，爆发力之强劲，都让我这个既是她妈妈又是她班主任的大人感觉到招架不住了。尤其是她最后那句话，让我惭愧之余颇为心酸。想来，她之所以在写作业的时候不允许我们坐在客厅里，也是跟"信任"二字有关系的了。

果然，女儿接下来就跟我说到了这个问题。

"你不是一直问我为什么写作业的时候不允许你和爸爸坐在客厅里吗？我就实话告诉你吧。"女儿将一只靠垫抱在怀里，看上去像是冷的样子。我起身，找来她的马甲给她披上，她却一下将衣服扔到一边。我的心被她这个下意识的动作揉皱了弄疼了——女儿对我的关心根本不领情！

"老妈，请你坐到我这边来，通过我房间里书橱的玻璃窗看一看，你看到什么了？"

我默默地坐到她身边，通过她房间敞开的房门望向书橱，玻璃窗上清晰地折射出她写字桌上的一切！

我似乎明白了什么。

"有一天晚上你不在家，我写作业写累了就拿了一本小说翻看，我爸爸当时就坐在你坐的这个位置看书，可是，他突然就扔掉书冲进我的房间，一下把我的小说夺过去扔到地上，大声吼我说：'你天天嚷着学习学习，原来背着我们看闲书啊？你这么做，让我怎么信任你！'我非常害怕，不知道爸爸是怎么发现的，后来，事情过去了之后，我反复琢磨，最后才终于发现，你们坐在客厅里看书，其实是通过我书橱的玻璃在监视我！你们天天说信任是人与人交往的基础，可是，你们是怎么做的呢？你们连自己的女儿都不信任！"

女儿瞥了我一眼，抽了抽鼻子，眼圈有些发红。

像有一个炸雷滚过耳边，我一下子蒙了。女儿每次写作业前都要求我们离开客厅，原来背后有着如此曲折复杂的故事发生！望着女儿因为激动而变得绯红的小脸，我一时竟然不知道该怎么说、说什么好了。

祥和愉快的气氛被难以忍受的沉默取代，我呆坐在沙发上木然无语。信任是开启心扉的钥匙，诚挚是架通心灵的桥梁。女儿的话轰响在我耳边，简直让我这个做妈妈的无地自容了。

"好了老妈，我都告诉你了，你的好奇心满足了吗？"女儿说着站起身，"我要写作业去了，请您去卧室待着吧！"女儿说完，故意装出一副毫不在乎的样子去房间里写作业去了。

我嗒然若失地望着她的背影，心里像打翻了五味瓶，什么滋味都有。女儿的一番诘问，让我无言以对。反思自己的言行，女儿说的何尝没有道理？我天天用"信任"二字教育她，教育我的学生，可是，我对她、对那些正值花季的孩子们，又给予了多少信任呢？爱默生说："你信任别人，别人才对你忠实。"这种信任，不能仅仅是嘴巴上的，更重要的是心灵的信任啊！正如女儿所说："心灵的信任才是开启心扉的钥匙。"

　　想到这些，我走进女儿的房间，拉她在客厅里重新坐下。我真诚地向她表达了歉意，并代表她老爸向她保证：以后绝对不会从书橱的玻璃窗里监视她的学习情况了，同时，我也给她提了个要求：要想得到别人的信任，首先得自己不做让别人不信任的事情。如果学习累了玩一会儿或者看一会儿闲书，可以事先跟爸爸妈妈说明白，免得造成不必要的误会，给亲情蒙上一层阴影。女儿郑重其事地答应了。

　　这件事情过去已经有些日子了，可是每每想起来，我的心中还是思潮翻涌不得安宁。2019 年大年初一，女儿一早睁开眼睛，我就跟她说："今年，我们家的一个重要主题就是'信任'！因为信任是一个人一生中无形却又巨大的力量，她会带给你无形而却宝贵的财富。"

做最好的自己，你就是明星

　　大约是受了我的影响吧？女儿从小就不喜欢看电视剧（动画片除外），十四年来从没有看过一部戏的哪怕一集。也不喜欢听流行歌曲，至今她连一首流行歌曲都唱不下来。小学高年级的时候，她的同学中有人开始喜欢那些歌星、影星，什么周杰伦啦、罗志祥啦、潘玮柏啦、李宇春啦、周笔畅啦、张靓颖啦等，嘴里哼的也是他们自己也搞不懂的歌词。有一次她的一位女同学跟她讨论李宇春的《再不疯狂我们就老了》，她说她没听过，那位女同学就热心地将歌词抄下来送给她，让她回家从电脑上下载了来跟着学。

　　那天她拿着同学热心赠送的歌词回到家里，匆匆忙忙打开电脑，搜索到那首歌，皱着眉头跟着疯狂的音乐哼哼：咖啡还续，书签还新，夏天已经擦身而去。树叶还绿，发丝还青，时光却从不曾逆行。这鲜活的你好让我伤心，怕措手不及风华凄凄，这安静的你更让我确定什么叫爱情。再不疯狂我们就老了，没有回忆怎么祭奠呢？还有什么永垂不朽呢？错过的你都不会再有。还没和你数清星星，天空已经不再透明，还没和你牵手旅行，风景已经淹没无影。这鲜活的你好让我伤心，怕措手不及，风华凄凄，这安静的你更让我确定什么叫爱情。再不疯狂我们就老了，没有回忆怎么祭奠呢？还有什么永垂不朽呢？错过的你都不会再有。再不疯狂我们就老了……

　　看着她像受难一样的表情，我苦笑着摇摇头，没敢发表自己的看法。过了一会儿，她将电脑关闭，走到我的书房里说："妈，我同学说这首《再不疯狂我们就老了》特别好听，尤其是歌词，写得特别好。可是，我怎么一点都搞不明白呢？歌里说再不疯狂就老了，可是，就算再疯狂不是也得老吗？这个李宇春真没意思！"

那之后，女儿的"免疫力"出奇地厉害，无论班里同学对那些歌星、影星怎么崇拜，她却充耳不闻、视而不见。后来，女儿上初中了，班里同学追星的风气有增无减，她依然对那些歌星、影星没有丝毫的兴趣。有一次回老家，公爹正在看郭达和蔡明表演的小品《追星族》，我指着蔡明扮演的那个星迷对她说，这个女孩子真执着啊。女儿瞪了我一眼，从鼻子里哼了一声说："她有病！"

女儿对电视剧、流行歌曲没兴趣，对那些大红大紫的歌星、影星也不感冒，这让我非常高兴，也很是得意。因为周围的同事也好，朋友也罢，他们的孩子都不同程度地迷影视剧、流行歌曲，迷歌星、影星，有个同事的孩子为了看《甄嬛传》，晚上十一点多了还不睡，就为了等着看甄嬛怎么跟那些后宫的女人们斗智斗勇，急得同事牙龈上火。

跟同事、朋友聊起孩子们追星这件事的时候，我不免得意之情溢于言表。然而，他们却异口同声地告诫我：没有哪个孩子不追星的！你女儿比别的孩子上学早，她还没到追星的年龄呢！

这无疑算是兜头给我浇了一盆冷水，有些激动的小心脏顿时就恐惧起来。是的，女儿五岁开始上学，都已经能看图画书了还问我许多幼稚的可笑的问题，也许朋友们说得很正确："她不是不喜欢电视剧、流行歌曲，也不是不迷恋那些影星、歌星，只不过还没到那个年龄而已。"

一转眼，女儿初中毕业进入高中学习了，看到她每天像小乌龟一样驮着个沉重的大书包奔走在学校和家的路上，我觉得那根一直绷着的心弦可以松弛一下了：现在，就算她已经到了追星的年龄，繁重的课业也绝不允许她再去做什么追星族了。

然而，心里的那块石头还没落到底儿，突然有一天，女儿中午回家吃饭的时候跟我说："老妈，我们班的某某某疯狂地爱上了张杰！"

"张杰是谁？是不是他在你们班成绩最好才让某某某特别喜欢？"我一边咀嚼着馒头一边漫不经心地问。

女儿听完我的话，笑得弯着腰大喊"肚子疼"。我被她笑得莫名其妙，狐疑地望着她。

"老妈，你真的OUT了！张杰不是我们班的同学！"

"那……那他是你们学校学习最好的同学？"我以为自己低估了张杰同学的成绩，急忙追加一句，还特地将重音放在了"学校"两个字上。

"My God！你真的不知道张杰是谁吗老妈？人家可是大名鼎鼎的明星啊！"女儿说着，顺手摸起我的手机，一会儿就把那个张杰的资料给我调了出来：

张杰，男，中国著名歌手，华语歌坛新生代领军人物，偶像与实力兼具超人气天王。2004年出道至今，已发行10张唱片，唱片销量称冠内地群雄。2008年以来举办过8场爆满的个人演唱会，在各大权威音乐奖项中先后24次获得"最受欢迎男歌手"称号，2010年在韩国Mnet亚洲音乐大赏(MAMA)上获得"亚洲之星"（Best Asian Artist），影响力触及海外。2013年，参加央视蛇年春晚。

除歌唱事业，张杰也热心慈善公益，2012年捐资200万作为北斗星空爱心基金创始基金，启动"张杰音乐梦想教室"公益项目，并获得"中国儿童慈善奖突出贡献奖"。至 2014 年 6 月已陆续在全国各地建立了二十七所"张杰音乐梦想教室"。

2014 年 1 月，补位参加《我是歌手第二季》。妻子是著名主持人谢娜。

我瞠目结舌不知所措又无地自容惴惴不安，一时愣在那里，不知道该怎么办好了。看来，朋友们说得对："没有哪个孩子不追星的，女儿也概莫能外！"

"老妈，我们班的某某某都把内衣上写上张杰的名字，卧室里全是张杰的巨幅照片呢！她说她做梦都想要一张张杰的签名照，不知道这辈子会不会有机会跟张杰见面……"

女儿滔滔不绝地说着同学的故事，我听得胆战心惊、心神俱碎：女儿追星的这一刻终于还是来到了，该怎么办？高中三年可以说是一个人一生中最重要的三年，如果这三年里女儿成了要命的追星族，还怎么能够有心思专心致志地去学习！

是时候跟女儿好好长谈一次了。

女儿去上学之后，我就打开电脑疯狂地搜索歌星、影星，看着屏幕上那长长的一溜名单，我脑袋都大了。这些人都是从哪儿冒出来的？我怎么一个也没听说过啊？可是，为了跟女儿的长谈，我必须备好这一课。

晚上，女儿拖着疲惫的脚步回到家里，一边泡脚一边摸起一本《希区柯克悬念故事全集》津津有味地看着。我坐在一边，等待着谈话时机的来临。然而，女儿一直默默地看着小说，似乎将上午谈得热火朝天的张杰从脑海里剔除出去了。我等得有些不耐，决定主动出击。

"丫头，你那个喜欢张杰的同学，下午没有再跟你说起张杰来吗？"

女儿抬起头，莫名其妙地望着我道："说了啊，我们还说了杨幂、黄晓明呢，怎么了老妈？"

"你们天天谈论这些歌星、影星，不怕耽误学习时间吗？"

"这个……是有些耽误，其实，我对那些影视明星一点儿都不了解，可是，同学们都在谈论，我要是不跟着谈的话，他们会嘲笑我跟不上时代潮流的！"女儿将书放下，有些无奈地叹着气说。

她说得也挺有道理的，十四五岁的孩子聚在一起，绝对不可能只想着学习，偶尔谈论一下倒也无妨，可是，时间久了难免会受影响，如果发展到蔡明扮演的那个追星族一样，就一发不可收拾了。

"他们今天说，杨幂演了好多电视剧，什么《宫锁珠帘》啦、《美人心计》啦、《古剑奇谭》啦等，我一部也没看过！还有黄晓明，他们说，这个人也拍了很多电视、电影，还是咱们山东省十大杰出青年呢！可是，我什么都不知道！"

女儿的语气有些落寞，估计是跟同学讨论的时候被大家嘲笑了。果然，女儿一边端着洗脚盆往洗手间走，一边又说："同学们都嘲笑我是小屁孩，什么都不懂！"

"山东省十大杰出青年还有张海迪、程林、李登海、王成强、战连传、孟富强等人哩，除了一个黄晓明，你同学了解这些人吗？黄晓明是明星，这些人也绝非等闲之辈！他们在各行各业为社会做出了自己杰出的贡献，所以更应该是明星！你们追星我不反对，但我觉得仅仅局限于歌星、影星，这就偏颇了！李登海在农业界被誉为'紧凑型杂交玉米之父'，与'杂交水稻之父'袁隆平并称'南袁北李'，这个你同学知道吗？程林在丁肇中领导的大型国际合作研究项目 AMS 中，担任热控制系统首席科学家，领导包括美国麻省理工学院、瑞士苏黎世高工等世界著名大学和研究机构的学者一起工作，解决了大型科学仪器在国际空间站上热控制的关键科学问题，首次完成了深空领域的科学仪器热控制系统的研究与设计，这个你同学怎么不追呢？还有……"

我还想再说下去，女儿拧着眉头打断我道："好了老妈，别说教啦，从小你就告诉我：做最好的自己，你就是明星，我没有忘记呢！可是同学们都讨论，我要是不参加显得我多不随和啊是不是？我可不想像你一样，不喜欢的话题从来不参与！哦，你不是说我小李哥哥如今当编剧了吗？你能不能请他帮我要几张影视明星的签名照啊？如果我有了明星们的签名照，他们就再也不敢嘲笑我是啥也不懂的小屁孩了！"

绕来绕去，我的苦口婆心被女儿一句"别说教啦"就给枪毙了！不仅如此，她竟然还希望我能帮她要明星签名照！我真是哭笑不得了。

夜里，女儿睡得像一只小狗，香甜而又沉酣，我却辗转不能入眠。女儿说的那个小李哥哥叫李正虎，是我的一个好朋友，如今已经是小有名气的编剧了，让他帮忙要几张明星签名照，估计不是问题，问题是，我该不该帮女儿这个忙呢？我又想起朋友丹飞对他儿子的教育来。丹飞的儿子从小斜视，医生叮嘱不能看电视、玩电脑，但是，丹飞却不这么认为，他说，看多了电视玩多了电脑，斜视或许矫正得会慢一些，但是，一个人要是喜欢做某一件事而不能如愿，是会非常难过的，所以，他儿子玩电脑、看电视他从来不过问。想到这些，我决定帮女儿完成这个心愿。

于是，我给正虎发了微信，他很痛快地答应了。

今天上午，正虎的快递到了，拆开一看，是四张影视明星签名照，其中两位男星两位女星，四个人的签名我只认得"杨幂"二字，其余三个一个也不认识。

午饭的时候，我把四张影视明星签名照递给女儿，事先我还想着她该有多么激动、兴奋，没想到，女儿拿过去看了半天，有些泄气地说："这些影视明星也没长着三头六臂嘛！"然后就跟往常一样开始吃饭。

下午女儿去上学，我拿着四张签名照问她，要不要带到学校去跟同学们炫耀一下，她撇了撇嘴巴说："炫耀啥呢？他们当他们的明星，自己成为明星才算本事！"

这一刻我突然发现，十四岁的女儿已经长大了，有了自己的价值观和人生观了！

女儿的"追星"或许还会进行一段时间，或许会就此打住，无论怎样，我想我都没必要担心了。